Flores Lázaro

ALEXANDER FLEMING

ARIEL

JUVENIL
ilustrada

Título original:
Alexander Fleming
Flores Lázaro

Texto original:
© 1973-1977 • **ARIEL** • **JUVENIL ILUSTRADA**

Segunda edición © 2021 • **ARIEL** • **JUVENIL ILUSTRADA**
Nueva Ventura Aguilera N58-102 y Juan Molineros
Telf.: (+593) 2 328 1868
e-mail: editorial@radmandi.com
www.radmandi.com
Quito–Ecuador

Coordinación general: Lucas Marcelo Tayupanta
Dirección del proyecto: Jonathan Tayupanta Cárdenas
Corrección de estilo: Xavier y Jonathan Tayupanta Cárdenas
Ilustración de portada: Nelson Jácome
Diseño y diagramación: Xavier Tayupanta Cárdenas

ISBN: 978-9978-18-448-6

CONSEJO EDITORIAL DE HONOR

El que ante la ganancia piensa en la justi-
cia, y frente al peligro ofrece su vida, y aun
tras largos años no se desdice de las pro-
mesas que hizo en su juventud, tal hombre
puede considerarse perfecto.

CONFUCIO

UN ESCOCÉS MÁS

Escocia es una gran nación.

Y decimos «nación» porque, aunque esté unida a Inglaterra y forme parte de la corona de la reina británica, los escoceses no quieren ser ingleses.

En realidad, Escocia está compuesta por una mezcla de celtas llegados desde Irlanda y del país de Gales varios siglos atrás, de anglos, de escandinavos, teutones y, también, de buena parte de flamencos. Esto lo reconocen y lo admiten, aunque insistimos que todo buen escocés se molesta cuando lo identifican como inglés, pese a haber dado a Inglaterra a muchos de sus mejores hombres que, con frecuencia, y a través del tiempo, llegaron a gobernar a Gran Bretaña.

Quizá se deba a que Escocia se mantuvo firme cuando el libertino escepticismo religioso de la aristocracia inglesa del siglo XVIII quiso primero atacar a su catolicidad y, posteriormente, a sus creencias presbiterianas. Sea como sea, se negó siempre a introducir en su país el ritual y la jerarquía de la Iglesia anglicana, y nobles, burgueses y campesinos, tras no pocas luchas y debates, consiguieron ya en el siglo XVI firmar un pacto o *Covenant Solemne*, por el cual se les reconocía que podían permanecer fieles a sus creencias y a su propia Iglesia.

Esto lo consiguieron porque, al ser Escocia un país más bien pobre, con poca fecundidad en sus tierras, un clima áspero y duro, violento y fuerte, ha determinado una rigidez en las costumbres de sus hombres y allí se ha ido formando una raza hermosa y valerosa, educada en el esfuerzo, en el tesón y en el sacrificio, aunque rica en tradiciones originales, no exenta de romanticismo y, sobre todo, prudentemente desconfiada.

La falta de riquezas naturales del país, la escasez de medios y la austeridad en la que, generación tras generación, han sido educados los niños escoceses han ido haciendo de este rincón del mundo un pueblo tremendamente ahorrador.

Tan austero y ahorrador que, tanto en Inglaterra como en todo el mundo, lo que se ha dado en llamar la «avaricia escocesa» siempre ha sido motivo para chistes, cuentos y anécdotas en las que invariablemente el protagonista es un avaro escocés que, con uñas y dientes, defiende sus cuatro miserables *perras* ahorradas.

Sin embargo, en honor a la verdad, todos estos chistes son inexactos. O en todo caso diremos que, si parecen tacaños cuando se trata de gastar céntimos, más tarde son tremendamente generosos con sus millones en cuanto los han conseguido, con harta frecuencia, a costa de los ingleses, a los que normalmente aventajan en laboriosidad y constancia.

Otra cosa que tampoco es cierta es decir que los escoceses carecen del sentido del humor y la ironía. En Gran Bretaña, el inglés medio suele afirmar que se necesitan varias horas para que la cabeza de un escocés comprenda una broma. Esto no es así: lo que ocurre es que a los ingleses les agradan los relatos largos, delicados y a la par burlones, mientras que a los escoceses les gustan las bromas lacónicas, secas y rotundas, expresadas si es posible con una sola palabra. Lo prueba el hecho de que normalmente suelen ser zumbones, aunque, eso sí, sus rostros permanezcan seriamente impenetrables y hasta inexpresivos, mientras miran fijamente al que es el causante de su chanza.

Parcos en las palabras y en el elogio, prefieren señalar los errores a los éxitos, aunque poseen un corazón emotivo, romántico y apasionadamente escocés, con un sentimiento muy intenso para su patria chica.

En resumen: de todo esto puede deducirse que los escoceses son una raza de hombres fuertes, duros y voluntariosos, llenos de una constante vitalidad, amor al trabajo, serios y sufridos, y con la ventaja de que, si son parcos en palabras, son extremadamente efectivos en sus obras.

Díganlo sino esa larga lista de insignes escoceses que, como David Hume, Adam Smith, Walter Scott, el gran poeta Robert Burns o el mismo sir Alexander Fleming, han entrado por la puerta grande de la Historia...

Normalmente, antaño, las granjas escocesas no podían alimentar nada más que a una sola familia, por lo que los hijos segundones y todos los demás que venían después se veían precisados a inmigrar hacia el sur para buscar, en Londres o cualquier otra ciudad, su propio medio de vida.

Los que con gran esfuerzo y tesón lograban ingresar en la universidad, por su frugalidad y sus costumbres, pronto se sabía si eran escoceses. Se sabía porque, en muchos casos, vivían con la harina de avena que ellos mismos se llevaban en un saco a la espalda, siendo motivo de los chistes y las bromas ya mencionadas, aunque no estuvieran del todo exentas de cierta admiración por parte de los otros estudiantes ingleses, al saber por experiencia que aquellos duros muchachotes nórdicos terminarían por triunfar y abrirse un mejor camino en la vida que ellos.

Se sabe que los Fleming antiguamente eran unos de estos granjeros que se establecieron en 1773 en el condado de Lanark, aunque posteriormente Hugh Fleming, padre de nuestro biografiado, alquiló una granja de ochocientos acres en el condado de Loufoun, a la que bautizó con el sonoro nombre de Lochield Farm.

La granja de Hugh Fleming estaba situada cerca de donde se encuentran los tres condados de Lanark, Ayr y Renfrew, en una región de clima muy saludable, a través del cual los vientos del mar parecen traer los aires de las baladas del gran poeta escocés Robert Burns. La casa era de piedra, con árboles a su alrededor, que frecuentemente eran derribados por el viento, cuando en aquel perdido confín del mundo los huracanes y las tormentas se desataban.

La granja Lochfield Farm sigue aún hoy día montada sobre una gran altura aislada, desde la que no se puede divisar a ningún vecino porque en esta apartada región de Escocia aún hoy no se puede contar una casa por milla cuadrada.

Debido a esto y a su duro clima, el buen Hugh Fleming no podía cultivar el trigo, aunque sí la avena y otros forrajes para la cría de carneros y vacas que permitían vivir a su familia con cierto decoro y, sobre todo, con la independencia que tanto les gusta a los escoceses.

Y, en el silencio de estos espacios infinitos, concretamente el 6 de agosto de 1881, nació Alexander Fleming, uno de los hombres más grandes de nuestra historia contemporánea y, sin duda alguna, uno de los mayores benefactores de la humanidad de todos los tiempos.

El padre de Alexander Fleming se había casado dos veces, teniendo de su primera mujer cinco hijos, de los cuales uno murió a los pocos años. Los cuatro que llevó a su nuevo matrimonio respondían por los nombres de Ane, Hugh, Tom y Mary, y, ya sesentón, pronto vio crecer su familia cuando se casó por segunda vez con la hija de otro granjero llamada Grace Morton, que a su vez le obsequió cuatro hijos más: Grace, John, Alexander y, por último, el pequeño Robert.

Viejo, cansado y harto de trabajar, con las manos endurecidas en la ruda tarea de tantos años, Hugh Fleming murió cuando el pequeño Alexander solo tenía siete años. De su padre solo le quedaría el vago recuerdo del rudo patriarca del clan familiar que siempre había sido.

Afortunadamente, Grace Morton fue una madre extraordinaria, tan notable en el trabajo como en su noble afán de mantener siempre muy unidos a los hijos de los dos matrimonios, para que el amor filial durase durante toda la vida entre ellos. No en vano su esposo había sido el primero en dar el ejemplo, reuniéndolos a todos en torno suyo pocas horas antes de morir y suplicándoles:

—Vivid siempre unidos, hijos míos. Conservad siempre las tradiciones escocesas tan nuestras, tan entrañables. Los Fleming deben formar un estrecho clan familiar y siempre ayudarse mutuamente, sea en las circunstancias que sean.

Por todos contestó Hugh, su primogénito, que debía sucederle en la granja, y que prometió solemnemente ante sus hermanos:

La granja de Hugh Fleming estaba situada cerca de donde se encuentran los tres condados de Lanark, Ayr y Renfrew, en una región de clima muy saludable... Allí nació Alexander Fleming, el 6 de agosto de 1881.

—Así lo haremos, padre. Nuestro hermano Tom ya está estudiando en la Universidad de Glasgow, y con ayuda de mamá yo cuidaré de todos hasta que John, Alex y Robert sean mayores y puedan también ayudarme.

El hermano mayor cumplió fielmente su palabra y, dos años después de que el padre muriese, Alexander empezó a ir a la escuela. En compañía de sus hermanos y otros hijos de granjeros vecinos, aprendió a leer y escribir, adquirió las primeras nociones de aritmética. Puede decirse que, si aprendía con facilidad y sin tener que aplicarse demasiado, más le gustaba corretear por los prados y descubrir la naturaleza con sus ojos infantiles.

Y es que, en realidad, una granja, en pleno campo, representa un maravilloso terreno de investigaciones para muchachitos curiosos y despejados que —como Alexander Fleming y sus hermanos— disfruten de los valles, bajar a las hondonadas, trepar por las montañas, subirse a los árboles, bañarse en los ríos y buscar esas mil cosas curiosas que nos parece ofrecer constantemente la amorosa madre Tierra.

Alexander Fleming disfrutaba con todo esto y, cuando no estaba en la escuela, se lo podía encontrar en las riberas del Glen Water o el Loch Burn, los ríos más cercanos a la granja, aprendiendo a descubrir las triquiñuelas de los peces, que no se dejaban pescar tan fácilmente como su hermano mayor le había dicho, o la habilidad de los conejos para escapar de los lazos y las trampas, después de haberse llevado el botín de la zanahoria ofrecida.

—¡Son unos soberanos granujas! —exclamaba entonces el pequeño Alexander—. Se llevan la comida y escapan.

Con paciencia infinita, el hermano mayor le aleccionaba, indicándole cómo tenía que hacer las cosas. Hugh se había dado cuenta que con Alex solo tenía que explicar las cosas una sola vez; era vivaz, sumamente despierto, y al instante comprendía todo, incluso añadiendo él sus propias ideas.

¡Oh, las ideas del pequeño Alex en la familia Fleming!

Cuántas veces reían todos con ellas. Y cuántas, también, eran la causa de pequeñas travesuras que terminaban por desgarrar sus pantalones, romper los zapatos, atrapar un constipado, llegar con las manos y las piernas llenas de arañazos.

—¡Eres un pequeño diablillo! —le reñía su madre.

Pero a Alex no se le podía estar riñendo por mucho tiempo. A veces, en una de estas filípicas, su mano sacaba un pequeño tesoro y gentilmente lo ofrecía, generoso, afable, deseando compensar el disgusto:

—Esta flor es muy bonita, madre. Fíjate... ¡Fíjate bien en ella! Es distinta a las otras. ¡Tiene más pétalos! Y su corola... ¡Su corola parece una joya reluciente, como el oro!

En tales ocasiones, sintiendo el orgullo natural de madre, la mujer decía:

—Siempre te fijas en todo, Alex. Tus ojos parecen poseer un don especial.

La explicación era muy sencilla, y el niño lo manifestaba así al confesar:

—Lo que ocurre es que pongo todo mi interés cuando miro, madre. Creo... creo que es la única manera de mirar las cosas.

El pequeño Alexander Fleming ignoraba entonces que, muchos años después, esta aplicación, este interés en fijarse en las cosas, le llevaría al maravilloso descubrimiento de la penicilina, con la que miles de millones de seres humanos podrían salvar sus vidas.

Por ejemplo, el fruto de aquellas infantiles observaciones se manifestaba cuando les decía a sus hermanos y amiguitos:

—Fijaos bien en los conejos: observad que, si pasamos cerca del cañaveral fingiendo que no los vemos, los muy granujas se están quietos y no hacen nada por huir. Pero, en cuanto se dan cuenta de que los miramos, ¡zas!, ¡se lanzan a correr como el viento!

La astucia natural de los conejos le tenía obsesionado. Por eso, el que sería futuro sabio e investigador, había observado que los conejos y otros animales silvestres no huyen si nuestra mirada no se cruza con la suya. Entonces se creen seguros al saber que no se les ha descubierto y se limitan a permanecer quietos, sin quemar energías que más tarde pueden necesitar.

Pero Alex pasaba cerca de ellos fingiendo olímpicamente que no había notado su presencia para, al poco, veloz y con astucia, con movimientos rápidos, lanzarse sobre los confiados animalitos, víctimas de su propia trampa.

Otra cosa que contribuyó en hacer del futuro Premio Nobel de Medicina un hombre tenaz y resistente, inmune al desaliento y la fatiga, fueron las cuatro millas que por las mañanas pronto se vio obligado a recorrer para ir a la escuela de Darvel, con las otras cuatro obligadas de regreso, para llegar a casa aún con bríos y ganas de corretear y alborotar.

El condado de Loufoun goza de un paisaje de una maravillosa serenidad, cuyo centro es una pequeña población llamada Darvel. A unas cuatro millas de la ciudad, más allá de los campos bien cultivados, hay una amplia meseta cruzada por riachuelos, y la granja de los Fleming quedaba enclavada entre el Glen Water y el Loch Burn. Ese es el paisaje que cada día podían observar los ojos del pequeño Alex mientras en compañía de sus hermanos menores y de otros hijos de granjeros iba y venía a la escuela.

Una rústica escuela regida por las señoritas Marión Stinling y Martha Aird, de las que nunca se olvidaría Alexander Fleming cuando fue mundialmente famoso, y de las que dijo en cierta ocasión con su natural gracejo socarrón de buen escocés:

—En verdad que hay que reconocer que es necesario un gran amor a la profesión para aceptar aquellos puestos de maestra en un lugar tan apartado del globo, perdido en las montañas de mi país. Tanto la señorita Marión como la señorita Martha eran obstinadamente abnegadas. ¡Yo debo mucho a esas dos maestras!

También reconoció que en la entrañable escuela rural la disciplina era suave y el trato a los niños amable y cariñoso, como en familia. Cuando el tiempo era bueno, después del almuerzo, la maestra descendía con sus pequeños alumnos a corretear por el río. Todos se divertían, y la muchacha, feliz al ver a los niños, hacía que se olvidaba de la hora de clase para que continuasen gozando de tan saludable recreo.

Cuando sir Alexander Fleming recordaba estos pasajes de su infancia, sonreía con benevolencia. Quizá recordaba también que a veces, cuando un inspector subía hasta la pequeña escuela rural para hacer preguntas a los alumnos y ver cómo seguían las cosas, siempre era descubierto desde lejos el coche tirado por los caballos que le traía. Jamás se olvidaban de poner un pequeño centinela en el sitio conveniente, que entonces gritaba a todos:

—¡Ahí llega el inspector, señorita Stirling!

Las palmadas de la joven interrumpían todos los juegos y los pequeños la oían gritar:

—¡Todos a la escuela! ¡Vamos rápido! ¡Nos hemos retrasado en una hora de clase!

Alexander Fleming con razón sonreía al recordar las escenas al decir:

—¡Daba gusto vernos a todos trepar como cabras montesas por los atajos para llegar antes! La misma maestra nos ayudaba a entrar en la clase por una de las ventanas traseras e, infaliblemente, cuando el inspector llegaba, ya estábamos todos ante nuestros pupitres, muy seriecitos.

Compenetración entre alumnos y maestra, que jamás quedaba mal, porque los niños, agradecidos, procuraban aplicarse en las lecciones y siempre eran capaces de contestar con acierto a las preguntas del inspector.

Luego del triunfo, nuevamente solos, sin el inspector, llegaban las risas, los comentarios entre ellos, las bromas. Los días felices en los que se olvidaban de que, cuando hacía mucho frío, para que no se les helasen las manos, la madre del pequeño Alex les daba unas patatas recién cocidas que ellos llevaban metidas en los bolsillos a guisa de estufas.

Estufas improvisadas y más tarde alimento, en espera de que con la llegada del verano pudieran ir a la escuela... ¡con los pies desnudos!

—Se andaba mejor —dijo sir Fleming cierta vez, ya famoso, en un elegante hotel de Londres, comentando con unos periodistas todo esto.

Digno de no olvidarse nunca fue aquel año que, por haber nevado mucho, él y su hermano John terminaron por perderse. La fuerte tempestad lo había cubierto todo de blanco y resultaba imposible identificar los caminos ni las montañas. Los valles habían desaparecido bajo aquel manto blanco que todo lo nivelaba y, durante horas, creyeron que nunca más podrían regresar a su casa. Pero, una vez más, el agudo sentido de observación del pequeño Alex se impuso para admiración de su hermano.

Aquella forma blanca alargada debía ser tal roca. Aquella curva de la nieve ocultaba la vaguada. Aquel bulto era el grupo de árboles cubiertos. Más adelante debía quedar la senda, con la nieve menos espesa y más blanda.

Consiguieron llegar, y fue un pequeño triunfo que les salvó de morir helados. La asustada madre les abrazó, les cubrió de besos, y, enterada por John que habían conseguido salvarse gracias a su hermano Alex, le dijo a su hijo:

—Ahora me consta que ningún obstáculo en la vida te detendrá, mi adorado pequeño. Eres tenaz, duro y observador; sigue cultivando estas cualidades y sobresaldrás sobre los otros hombres que pasan por la vida sin fijarse en nada.

Grace Morton, humilde campesina, mujer sencilla que había traído al mundo a un futuro Premio Nobel de Medicina, no estaba adivinando el porvenir de su hijo por una simple corazonada.

Sencillamente, es que empezaba a conocerlo bien.

No puedes escapar a la necesidad, pero puedes vencerla.

SÉNECA

LA FORJA

Una de las cosas que siempre agradeció sir Alexander Fleming, manifestada así en no pocas ocasiones, fue el haber sido miembro de una familia numerosa y el haber nacido en una granja de Escocia.

Cierto que los Fleming no tenían dinero para gastar, pero tampoco tenían muchos gastos. Allí, en mitad del campo, no disponían de muchos juguetes ni entretenimiento, pero ellos mismos se fabricaban los primeros e inventaban sus propias diversiones que, en el fondo, les obligaba a ser imaginativos y prácticos.

Además, ¿no poseían los animales de la granja, los peces y los pájaros?

Con todo esto Alex y sus hermanos se divertían mucho, aprendiendo a la par mil cosas que los niños de la ciudad siguen ignorando toda su vida. Los muchachos de las ciudades estudian en los libros y disponen de mil facilidades más, pero carecen del mejor libro, el más lindamente ilustrado, cuajado de pequeños y maravillosos detalles. ¡El libro de la madre naturaleza!

Refiriéndose a este gran bien que tan al alcance de su mano tenía, el mismo Fleming decía:

—Mi poder de observación se agudizó buscando huevos de pájaros en los campos, así como mi paciencia aumentó gracias a la pesca de la trucha.

Además de su espíritu, se fortalecía su cuerpo. Cuando tenía doce años, era capaz de andar millas y millas sin sentir fatiga alguna, quedándole aún energías para ayudar a su hermano mayor en no pocos trabajos de la granja. Así lo estuvo haciendo hasta que, alcanzado el límite de edad tolerado en la escuela de Darvel, reunida la familia, su hermano Hugh le preguntó:

—Bien, Alex, ya no eres ningún mocosuelo y la señorita Stirling me ha dicho que tu puesto en la escuela de Darvel debe ocuparlo otro niño más pequeño. ¿Qué piensas hacer?

Alexander miró fijamente al hermano que les servía de padre y al fin dijo, sin vacilar:

—Me gustaría seguir estudiando.

—De acuerdo. Pero tendrás que ir a la Academia de Kilmarnock.

Todos sabían lo que aquello suponía. La Academia Kilmarnock estaba demasiado lejos para ir y venir todos los días, por más fuerte y resistente que fuese el muchacho. Por estas fechas, Alexander Fleming era un digno representante de su familia: su aspecto era agradable, con ojos muy azules que siempre miraban cara a cara con franqueza y hasta cierta obstinación. Sus rasgos infantiles empezaban a endurecerse y su cuerpo se hacía fornido, con los cabellos rubios, la frente muy amplia y, a veces, cuando estaba contento, una sonrisa abierta, particularmente heredada de su madre.

Hacía algún tiempo que un pequeño accidente le había proporcionado una nariz chata, de boxeador. Cierto día, al llegar corriendo hasta una esquina, tropezó violentamente con Jackson, un condiscípulo más pequeño que él, que a su vez corría en dirección opuesta. La nariz de Alex se aplastó contra la frente del amiguito y se rompió el cartílago, quedando ambos confusos y doloridos.

Pero, buen escocés, duro y parco en palabras como todos los suyos, Alexander Fleming no se quejó y se limitó a decir:

—Otra vez ten más cuidado, Jackson.

Unos días más tarde, cuando la hinchazón bajó, la madre se dio cuenta de que su pequeño Alex había cambiado de rostro.

—¡Te has quedado chato, hijo mío!

Alexander Fleming se tocó la nariz, estuvo palpando y tocando y al fin se encogió de hombros limitándose a advertir:

—Bueno; eso no tiene mucha importancia.

En realidad, para un muchachito tan poco presumido como él, aquello no tenía importancia, y desde entonces conservó su nueva nariz de boxeador que, si le transformó algo, ni le afeaba ni le impedía seguir pescando, cazando conejos y continuar con sus estudios.

Decidido su ingreso en la Academia de Kilmarnock, con las provisiones y los libros a la espalda, Alexander estuvo haciendo aquel largo recorrido durante un año y medio, dos veces por semana, al regresar a su casa los viernes por la noche y partir hacia la nueva escuela los lunes, muy de madrugada.

Nueva dura forja para su cuerpo y su espíritu hasta que, cerca de cumplir los catorce años, el clan familiar de los Fleming decidió que Alex también debía probar fortuna en Londres, donde no hacía mucho su hermano Tom acababa de colocar en la puerta de su casa una flamante placa dorada que anunciaba: Tom Fleming-Oculista.

Tom vivía en el 144 de Marylebone Road, y, solamente un año antes, había conseguido colocar a su otro hermano John en una fábrica de lentes, invitándole a que compartiera la vivienda con él.

El espíritu de «clan», tan acentuado en las viejas familias escocesas, seguía latente en ellos, y por eso Tom invitó a su otro hermano a compartir la vivienda. No importaba que aún no tuviera una sólida posición ni mucha clientela: sabía que también se entendería bien con Alex y que este, fiel a las tradiciones y a la austeridad típica en ellos, no resultaría muy costoso.

Sencillamente se limitó a decir, al invitarle para que se trasladase con ellos a Londres:

—Nos arreglaremos lo mejor que podamos. Y hasta creo que Robert también debería venir pronto para encauzar sus estudios.

—Tienes razón, Tom. ¡Entre todos mutuamente nos ayudaremos!

—Sí, hermano. Recuerda que así nos lo pidió nuestro padre.

Recordando estas fechas y todo esto, el mismo sir Alexander Fleming dijo en cierta ocasión:

—La historia de la penicilina tiene un cierto aire novelesco, y ayuda a ilustrar la cantidad de suerte que influye en la carrera de las personas. Yo hubiera podido quedarme en el campo y llegar a ser granjero. Quizá hubiera sido un buen granjero, ¿quién sabe? Pero mi hermano Thomas fue lo bastante generoso para invitarme compartir lo poco que tenía en Londres y me fui con él. ¡Eso es todo!

Todo no, porque al poco también contribuyendo con su trabajo, el mismo Alex invitaba a su otro hermano, Robert, para que se instalara con ellos en la pequeña vivienda del número 144 de Marylebone Road, donde cuatro Flemings, Tom, John, Alex y Robert, denodadamente luchaban para abrirse camino en la vida.

Afortunadamente para ellos, no faltaba la abnegada colaboración de su hermana Mary, que regía la casa y administraba como una verdadera escocesa.

Mientras, allá, en la lejana y amada Escocia, en la granja, quedaban el hermano mayor, la madre y las otras hermanas, siguiendo en las tierras que les habían visto nacer.

Uno no puede por menos que imaginarse las escenas en aquella casa. Sí; debió ser realmente encantador ver pasear por las concurridas calles londinenses a los cuatro hermanos, mirándolo y observándolo todo con sus ojos limpios de campesinos habituados a los grandes horizontes y a largas distancias. Solo que allí, en vez de campos, prados, árboles, montañas, conejos y peces, había miles de escaparates con preciosas cosas que los Fleming aún no podían comprar.

Por las noches, ayudándose siempre, uno le tomaba la lección a los otros para llegar a dominar el idioma de aquel país desconocido, tan distinto en todo al suyo. Lenguaje, hábitos y costumbres que debían asimilar, aunque les costase trabajo acostumbrarse a cambiar los frescos y los cristalinos ríos por aquellas calles empedradas y normalmente húmedas por la niebla o la lluvia.

Cogidos de la mano, durante los primeros tiempos, Alex y Robert visitaron la famosa Torre de Londres, la abadía de Westminster, el British Museum y las galerías de pinturas donde, hombres y mujeres, soberbiamente trajeados, no dejaban de mirar con cierto mohín desdeñoso a los dos muchachitos que adivinaban aldeanos.

Por su parte, ellos, fieles a su manera de ser, si apenas hablaban, lo señalaban todo y con una simple mirada se ahorraban el comentario; Alex sabía que Robert le entendía y el hermano también estaba seguro de haber interpretado el gesto del otro. ¿Para qué querían más?

Aunque él en la casa fuera otra cosa. Allí no existían inhibiciones y todos se entendían; cada uno podía decir y opinar lo que quisiera. Por las noches, Tom animaba la charla provocando discusiones y unos «concursos» sobre geografía, aritmética o cualquier otra disciplina, que no dejaban de ser muy ingeniosos.

A cada uno de sus hermanos les hacía colocar un centavo en un montón y la clase empezaba. Todos se esforzaban en dar las respuestas más exactas posibles para ganar todos los *pennies* reunidos, animándolos el hermano mayor al decirles:

—¡Ánimo, chicos! Esto es un excelente ejercicio para los exámenes.

Claro que, normalmente, el que ganaba el concurso de preguntas y respuestas era él, puesto que, mayor que sus hermanos y con más instrucción, siempre terminaba por alzarse con la victoria y hundir en el bolsillo todo el dinero que les había hecho poner sobre la mesa.

¿Que a veces surgía protesta y discusión? De acuerdo; pero al final la solidaridad del clan Fleming se imponía y a la siguiente noche el ingenioso Tom también terminaba por reunir todos los *pennies*, a la par que soltaba sus sonoras carcajadas.

Solamente, de vez en cuando y para que les sirviera de estímulo, se permitía el lujo de dejar ganar a John, o a Alex, o al pequeño Robert.

Tomados de las manos, Alex y Robert visitaron la famosa Torre de Londres, la abadía de Westminster y demás maravillosos monumentos. Los otros visitantes miraban con desdén a los dos niños aldeanos.

Todo lo más, cuando las protestas de sus hermanos arreciaban, les decía:

—Estudiad más y así, solo así, lograréis ganarme.

El ingenioso Tom se dio cuenta de que sus hermanos también debían seguir fortaleciendo sus cuerpos. En Londres no podían corretear como en la vieja granja, nadie podía ejercitarse poniéndose a trepar por los árboles de los parques públicos, y ellos no tenían dinero para asistir a un gimnasio.

Por eso compró unos guantes de boxeo y reemplazó, por una corta temporada, los concursos de estudio por combates a mamporro limpio.

Por corta temporada se ha dicho, porque Mary, escandalizada al ver a sus hermanos enzarzados en tales peleas, protestó enérgicamente:

—¡Se acabó esto! ¡No estoy de acuerdo! ¿Es que no veis la cara de bruto que se os pone?

—Pero Mary...

—¡He dicho que basta! ¿Creéis que alguna chica se va a fijar en vosotros algún día?

Lo pusieron a votación y, claro está, la hermana perdió. Pero Mary terminó por esconder los guantes de boxeo en el fondo de una cesta ignorada por sus hermanos y, de esta forma, entre divertida y enfadada, consiguió que los más pacíficos concursos de estudio se reanudaran.

Matriculados Alex y Robert en el Polytechnic School, en Regent Street, siguieron los cursos aplicándose en todas las materias, exceptuando el griego y el latín. Los idiomas no eran su fuerte. Muchos años después, el Premio Nobel de Medicina contaría la siguiente anécdota:

—En 1946 yo realizaba un largo viaje fuera de Inglaterra y me encontraba en Brasil, en Río de Janeiro.

Una noche sonó el teléfono y oí una voz de acento inconfundible. Era la señora Mary Morton, de Darvel, que llevaba viviendo quince años en Río. Tenía aún un maravilloso acento de Darvel y fue para mí un gran placer oírla... ¡Sobre todo después de haber estado escuchando portugués durante toda una larga semana!

Esto ilustra lo apegado que son todos los escoceses a su propio idioma y la poca afición que sienten por las lenguas extranjeras.

Pero, si Alexander Fleming siguió con sus estudios en el Polytechnic School, ya en 1897 entró a trabajar en una empresa naviera, forzado a ello por puras razones económicas.

Su preparación era muy superior a la normal en los niños de su edad y fue preciso cambiarlo de clase.

De esta forma, Alexander Fleming se encontró siendo el más joven de la nueva clase y esto despertó en algunos muchachitos ingleses la envidia. Malquerencia que encontró el blanco apetecido para las bromas al preguntarle uno de ellos:

—Eres escocés, ¿verdad, Alex?

El muchachito miró al grupo que estaba ante él y, para terminar de una vez por todas, decidió no ahorrar palabras y admitió con decisión y firmeza:

—Sí; he nacido en una granja de Escocia. Pero os advierto que ya me sé de memoria todos los chistes que podéis soltar y todas esas estúpidas bromas sobre nosotros. Así es que os ruego desde ahora que renunciéis a ellas si no queréis perder el tiempo.

Como colofón, con cierto desdén añadió:

—¡Ya están muy pasadas de moda y no tendrían ninguna gracia!

Para un escocés, estas son muchas palabras, y mucho tiempo después recordaría que aquel «largo discurso» fue la única vez que empleó tantas palabras juntas en todo el tiempo que permaneció allí.

El tiempo fue pasando y parecía que el porvenir de la familia Fleming ya estaba decidido. Mientras el hermano mayor, Hugh, continuaba en Escocia regentando la vieja granja en compañía de la madre y sus hermanas, Tom, cuya clientela fue aumentando cada vez más, decidió alquilar otra casa más amplia en el número 29 de York Street, donde sus hermanos pudieran seguir con él mejor alojados.

El único cambio notable entre ellos fue el casamiento de la abnegada Mary, que fue sustituida por la otra hermana, Grace, que igualmente siguió cuidando a sus hermanos en la nueva casa. Las cosas marchaban mejor desde que Alex había aceptado un cargo de empleado en la American Line, una compañía de navegación que tenía sus oficinas en Leadenhall Street y que al mismo tiempo le servía para perfeccionar el idioma que forzosamente debía aprender.

John y Robert también trabajaban juntos en la fábrica de óptica donde les había colocado su hermano Tom, a la par que preparaban sus exámenes de Oftalmología, dispuestos a continuar esta carrera.

No obstante, un pequeño incidente estuvo a punto de variar el destino de uno de los hombres más grandes de la historia, mientras consumía sus días entre el estudio y sus labores de oficina, que le familiarizaban con las operaciones del comercio marítimo y con la fascinadora vida de Londres.

En 1900 estalló la guerra del Transvaal, posesión inglesa en el extremo sur del continente africano. A principios del siglo, el flamante Imperio británico todavía conservaba su pasado esplendor, cimentado por los adelantos y la fluidez del comercio marítimo, casi omnipotente por lo que respecta a la famosa escuadra comercial inglesa.

Sin embargo, dos pequeñas repúblicas de campesinos mantenían a raya a todo ese poderoso país. En Londres se consideró, erróneamente, que aquella rebelión era un simple incidente sin importancia, y esto hizo que las cosas se fueran complicando en aquel rincón apartado de la Tierra.

Tras los primeros combates, tardíamente, el Gobierno británico comprobó que sus ejércitos habían sufrido serias derrotas. El desastre parecía inminente y bien agitada la opinión pública por las «barbaridades cometidas por aquellos salvajes», una sacudida ola de patriotismo recorrió toda Inglaterra de punta a cabo. Empezaron a aparecer los primeros voluntarios que se ofrecieron para luchar.

Los organismos competentes dieron ese paso y en las oficinas de alistamiento muchos jóvenes formaron cola. Alexander Fleming ya tenía diecinueve años, mucha sangre en las venas y unas enormes ganas de ver el mundo.

Cuando se desea todo esto y se tienen muy pocos chelines en los bolsillos, una oportunidad así atrae y enamora al instante. La única manera de viajar es gastar muchas libras o hacerlo como soldado; Alex no lo pensó dos veces y una noche planteó ante sus hermanos:

—He decidido alistarme en los London Scottish.

—¿Cómo? —exclamó alarmada su hermana Grace.

—Sí; es un regimiento de voluntarios, con la ventaja de que está compuesto solo por escoceses.

Se discutió el asunto, y la prudencia temerosa de la hermana fue perdiendo terreno cuando escuchó exclamar a sus también hermanos John y Robert:

—¡Nosotros acompañaremos a Alex! ¡Nos alistaremos también!

La decisión fue tomada por mayoría, y ni Grace ni Tom pudieron persuadirles, ingresando los tres en los London Scottish, en donde a Alexander Fleming le tocó el número 6392.

En aquel regimiento, los tres Fleming encontraron a muchos compatriotas que también se habían alistado voluntarios. Jóvenes médicos y abogados servían como simples soldados, y esto, tratándose además todos de escoceses, hizo que las relaciones entre los oficiales y la tropa resultasen menos rígidas y más íntimas de lo usual.

Tendremos que decir que, en realidad, la vida militar en el campamento era más bien una vida de «club» y alegre camaradería. Los entrenamientos empezaron y los hermanos Fleming, excelentes nadadores con músculos endurecidos, pronto pasaron a formar parte del equipo de waterpolo, donde particularmente Alex se reveló como un magnificó delantero, irresistible por sus vigorosas brazadas y sus potentes tiros a la portería contraria.

Ya es sabido que siempre los éxitos deportivos tienen una gran importancia en la vida de los jóvenes. Si a esto añadimos que Alexander Fleming se desenvolvía en un ambiente típicamente anglosajón, donde tanto significa el capítulo deportivo, no nos costará trabajo imaginarnos a nuestro personaje celebrado con sus compañeros y apreciado por sus superiores. Aquel vigoroso muchacho de nariz de boxeador no solo les proporcionaba victorias para la compañía en el agua durante los partidos de waterpolo, sino que, además, resultó que también era un excelente tirador, con una puntería endiablada.

Esto le hizo formar parte del equipo de tiro de su batallón, contribuyendo en muchas pruebas a obtener victorias para su unidad militar. Y así, entre la natación y los ejercicios con el fusil, el silencioso ex oficinista de la American Lines, de bellos ojos azules y nariz chata, pasó a ser uno de los soldados favoritos el regimiento.

Sin embargo, recordando estos juveniles triunfos en cierta rueda de prensa, sir Alexander Fleming evocaría con nostalgia:

—Pero nunca me ofrecieron un galón...

Cierto, nunca fue ascendido, y al respecto existe una anécdota contada por el coronel Lyall Grant muchos años después, cuando en 1945 realizaba en compañía de Fleming un viaje a América en el Aquitania.

En realidad, estos viejos amigos se encontraron por casualidad en el barco que efectuaba la travesía del Atlántico, debido a que el coronel Lyall Grant iba al mando de un contingente de tropas que debía ser trasladado al Caribe. Por estas fechas, sir Alexander Fleming ya había descubierto la penicilina, había recibido el Premio Nobel de Medicina y era mundialmente famoso. El coronel se acercó a él para rogarle que explicase a sus soldados cómo descubrió la penicilina:

—Ya sabes, Alex; no muy técnicamente. De una forma que mis muchachos lo puedan entender.

Era un magnífico día de sol y la cubierta del buque estaba repleta de soldados que miraban al hombre de ciencia con admiración. Fleming sonreía junto al viejo soldado que muchos años atrás había servido con él en aquel regimiento de voluntarios, y le oyó empezar:

—Hace unos treinta años, sir Alexander y yo servíamos en el mismo regimiento. Él era entonces un sencillo soldado que solo nadaba y tiraba muy bien, mientras yo era uno de los flamantes gaiteros de la banda. Es posible que entonces sir Alexander experimentase un sentimiento de frustración, por no ascenderle ni poder tocar la gaita. Y… ¡quién sabe!, quizás esto le empujó a buscar otro trabajo mejor que seguir siendo militar y... ¡descubrió la penicilina!

La tropa y todos los que estaban presentes en el barco rieron de buena gana al escuchar al viejo militar. Fleming también sonrió abiertamente y, con palabras claras, rehuyendo los tecnicismos y los términos científicos, se esforzó por explicar a aquellos soldados cómo había llegado a descubrir la penicilina.

Más tarde, sobre aquella misma cubierta, confesó a todos que, le ascendieran o no, su etapa militar fue feliz, ya que le ofreció otra oportunidad para entregarse a su pasión por el aire libre, los deportes y los ejercicios físicos, de los que siempre, durante toda su vida, fue muy aficionado.

De cualquier forma, su vida militar no duró ni tuvo oportunidad para convertirse en un gran guerrero. El número de voluntarios fue tan alto que a los pocos meses había sobrepasado en mucho a las necesidades del Reino Unido, por lo que muchos de ellos jamás partieron para luchar en el lejano Transvaal.

Alexander Fleming fue uno de estos, y el incidente que pudo haber variado su destino solo quedó en eso: en una pequeña etapa de su vida.

Afortunadamente, tendría así tiempo y ocasión para dedicar su vida a otras armas que, en vez de destructivas,

Empezaron los entrenamientos en el campamento militar del London Scotish, distinguiéndose Alexander por su desempeño en el waterpolo y en el tiro con fusil.

han significado la salvación para millones y millones de seres humanos.

Y, no obstante, durante muchos años, él siguió perteneciendo a aquel regimiento, al que acudía, como otros muchos de sus compañeros, o bien cuando tenía que efectuar algunos ejercicios físicos, o simplemente para defender los colores del equipo de waterpolo, al que en su juventud dedicó muchas horas.

Por supuesto que siempre continuó siendo soldado raso, pero tal cosa no llegó a importarle realmente mucho, dado que, como la mayoría de los hombres geniales, Alexander Fleming fue de extremada sencillez y los honores y los galardones jamás le robaron el sueño.

LA LUCHA

En 1900 el mayor de los Fleming decidió por fin casarse, y, mientras el trabajador Hugh se quedaba en la lejana granja de Lochfield, su madre, dispuesta a darles una gran alegría a sus otros hijos, se trasladó inesperadamente a Londres.

En realidad, el motivo de aquel viaje eran doscientas cincuenta libras esterlinas que la sufrida mujer llevaba bien escondidas, como parte de una herencia que el tío John había dejado a su muerte para su hijo Alex. Además de esto, independizados John, Alex y Robert, tras el casamiento de su otro hermano y su hermana, Grace Morton deseaba cuidar de ellos en el nuevo domicilio que tenían los tres en Ealing, en uno de los suburbios de Londres.

La feliz señora Fleming fue recibida con tanta alegría como sorpresa, reuniéndose pronto con ellos Tom, que dispuso al enterarse de la pequeña herencia que la madre traía para su hermano Alex:

—¡Magnífico! Ahora podrás estudiar Medicina.

Alexander pareció vacilar un instante ante la decisión de su hermano, aunque acabó por aceptar:

—Sí, Tom; me gustaría ser médico como tú.

La madre, tomando las manos de su hijo, opinó, siempre pesarosa de que tuviera que esforzarse:

—¿No tendrás que estudiar mucho para eso, hijo mío?

—Madre, nada que merezca la pena se consigue sin esfuerzo. Estudiar Medicina es una gran cosa; puedes dedicarte a hacer el bien a los demás.

Tom intervino entusiasmado al oír hablar a su hermano:

—Me gusta oírte decir eso, Alex. Pero mi madre tiene razón. Para poder ingresar en una escuela de Medicina hace falta salvar un examen muy duro.

—¡Lo conseguiré, Tom! Sobre todo, si tú me ayudas.

Unos meses después, tras haberse preparado a conciencia tomando algunas lecciones, el joven Alexander Fleming se presentó en el Senior College of Preceptors y al poco tiempo era aprobado con el número uno en todo el Reino Unido, en el año 1901.

A simple vista puede parecer extraño que un joven que había tenido que abandonar los estudios para ponerse a trabajar y más tarde al ingresar en el regimiento lograse sacar notas de tan alta calificación. Pero hay que tener en cuenta varios factores. El primero es lo que se podría llamar la voluntad, el genio de los Fleming y esa característica firmeza que tanto él como sus hermanos siempre demostraron; luego el hecho bien conocido de que Alex ya tenía por estas fechas una sólida formación cultural, amén de una memoria prodigiosa y un fino espíritu que como un afilado bisturí iba derecho siempre a lo básico, a lo esencial.

Al respecto, años más tarde el mismo Fleming confesaría, refiriéndose al trabajo que había estado desempeñando antes de ponerse a estudiar la carrera de Medicina:

—Empecé a estudiar Medicina posiblemente algo tarde. Pero no deploré nunca los cinco años pasados en Londres, dedicados a los negocios en la compañía de navegación donde presté mis servicios. Cierto que allí no aprendí nada «universitario», pero bien verdad es que gané en conocimientos generales otras muchas cosas que en la vida me han servido de mucho. En cierto modo, si bien lo miro, aquellos cinco años de trabajo me proporcionaron ciertas ventajas sobre los otros estudiantes de mi promoción. Ellos ingresaron en la Escuela de Medicina sin haber soltado los libros, con los conocimientos que les habían proporcionado todavía frescos en sus mentes; pero sin la experiencia, sin la dura experiencia que había podido ir adquiriendo yo.

Aparte de esto, Fleming siempre puso en contribución la «otra» experiencia: nos referimos al conocimiento directo que tenía de la naturaleza, tras haber vivido en pleno campo durante sus doce primeros años de existencia al aire libre, tostándose su piel al sol y a los vientos, a la par que se curtía su cuerpo física y espiritualmente.

Desde muy niño y casi sin saberlo él mismo, Alexander Fleming se convirtió en un naturista, observando todo lo que se presentaba a sus ojos con el vivo interés que ponía en todas las cosas que hacía. Y una vez en la ciudad, aunque tuvo que cambiar de hábitos y de costumbres, en el fondo siguió siendo un escocés prudente, taciturno y modesto, al que no le gustaba perder el tiempo.

Sin embargo, tras la parquedad de sus palabras, tras sus reticencias y sus silencios, ocultaba un corazón ardiente, una independencia tenaz y un profundo deseo de ser útil; útil para darse, para entregarse a todos los demás. ¡A la humanidad entera!

Una de las virtudes que siempre apreció, hasta el último minuto de su fecunda vida, fue la entereza y la lealtad. Toda su vida era un claro espejo de ello; siempre se mantuvo fiel a su familia, a sus amigos, a su regimiento, a su equipo de waterpolo, a su amada Escocia y, por último, al Imperio británico.

Más tarde ampliaría esta inconmovible fidelidad al laboratorio en el que dejaría gran parte de las horas de su vida, manteniéndose en aquel edificio, no muy flamante, en contra de la opinión o los ofrecimientos de muchos centros docentes, que le propusieron, además de más modernos y mejores lugares de trabajo, tentadores honorarios.

Todas estas cualidades estaban ya apuntadas en él a los veinte años, cuando inició sus estudios de Medicina y se disponía a recorrer el largo y fatigoso camino de la paciente investigación, aunque por aquellas fechas no pudiera determinar la especialidad a la que se inclinaría.

La decisión, una vez más, volvió a tomarla su destino, por una de esas razones sentimentales que vienen a ser, en muchos casos, lo que los hombres llaman «corazonadas».

Alexander Fleming tenía que elegir una escuela de Medicina, y por aquellas fechas en el mismo Londres existían doce. Particularmente, no conocía ninguna de ellas y no podía tener una clara preferencia. Pero había jugado waterpolo contra el Colegio de Saint Mary's, y por esa razón prefirió esta. Entonces ignoraba que tal decisión, aparentemente por motivos tan superficiales, tendría una inmensa influencia en su carrera.

El Saint Mary's está radicado en el distrito londinense de Paddington, y casi por las mismas fechas el famoso Almroth Wright entró a tomar parte en la cuadra de profesores como especialista de bacteriología. Seguramente, ningún encuentro deportivo entre los equipos de distintos colegios ha dado un ejemplo tan curioso de lo que puede llegar a hacer el simple azar.

Elegir una facultad de Medicina para estudiar en ella por razones puramente deportivas, sin duda alguna puede parecer bastante extraño. No obstante, la decisión del joven Fleming revela en cierta forma un aspecto amable de su carácter franco y abierto. Diríamos que era la necesidad de mezclar siempre algo de fantasía a lo serio, como más tarde siempre haría este insigne benefactor de la humanidad, aficionado a soltar una chanza alegre y festiva en medio de una de sus conferencias.

Provisto de su certificado de capacitación con el número uno extendido por el Senior College of Preceptor, en octubre de 1901, el joven Alexander Fleming ingresó en el Saint Mary's mientras, por otra parte, proseguía sus estudios para matricularse en la universidad. Su hermano Tom le había dado las debidas instrucciones, diciéndole:

—Ahora tienes que presentarte para la primera beca de Ciencias Naturales.

Con su firmeza y tranquilidad habitual, el hermano aconsejado aceptó:

—Lo haré así, Tom. Y te prometo sacar unas notas excelentes.

Tom sabía que su hermano siempre cumplía lo que prometía y no le extrañó verlo aprobar. Lo que sí resultaba extraño era verlo estudiar: lo hacía sin ningún esfuerzo aparente y con la ayuda de su prodigiosa memoria que le permitía, con solo una vez repasar la lección, recordar las cosas más nimias o confusas.

Y Alex no solo cumplió lo prometido a su hermano Tom, sino que también clasificó en el primer lugar, donde siempre quedaría en todos, ¡absolutamente todos!, sus posteriores exámenes. Y no es que no existieran en su promoción alumnos casi tan aplicados y brillantes como él. Por ejemplo, C. A. Pannett era uno de estos adversarios que, fuerza es admitirlo, poseía una cultura muchísimo más extensa que la de él. Pero como el mismo C. A. Pannett reconocería muchos años después, cuando el tiempo les hizo amigos y un día salieron a flote los pasados recuerdos:

—Desde el principio, una cosa pareció clara: Fleming sabía juzgar a los hombres y adivinar cómo se comportarían. Que yo recuerde, jamás hizo ningún trabajo superfluo, y sabía extraer de cualquier manual o libro de texto exclusivamente lo que le era indispensable aprender, olvidando al instante todo lo demás que no le interesaba.

Esto solo son capaces de realizarlo las mentes despejadas.

Una de las costumbres del joven Fleming era ir tomando notas sobre el carácter de cada profesor. Los escuchaba atentamente mientras explicaban sus cursos, y ni el menor detalle escapaba a su observación que, más tarde, llegada la hora de los exámenes, le permitía adivinar casi con exactitud la clase de pregunta que le iban a hacer.

Esto traía de cabeza a sus compañeros de estudios, a los que solía decir cuando deseaban saber cómo lo conseguía:

—Con sentido común. A eso le añades un sólido conocimiento de los principios fundamentales sobre la personalidad, y te aseguro que el resultado siempre es acertar.

—Decirlo es fácil, Alex, pero hacerlo...

Posiblemente debió añadir que su grado de penetración se debía a que él casi siempre estaba metido en sí mismo ya que, siendo tímido y reservado, no se prodigaba en el trato con los demás que a nada le conducía. De esta forma, con todas las potencias de su ser siempre listas para actuar, descansado al no sentirse inclinado a conversaciones vanas, se encontraba en cualquier momento dispuesto a que su mente trabajase clara y profundamente.

Pese a su innata aplicación, a su característica seriedad y sobriedad, también sabía mostrarse asequible y simpático, y lo demostró el día que tuvo que representar el papel de mujer, en una comedia que los estudiantes montaron en la Universidad. C. M. Wilson, el que más tarde sería lord Moran y llegaría a médico particular del primer ministro Winston Churchill, era el encargado de repartir los papeles y le anunció:

—Tú harás de «Fabriquette», Alex.

—¿Por qué precisamente yo?

Una vez más, las bromas a costa de su condición de escocés salieron a flote, y el futuro lord comentó:

—Bueno... Con vuestros trajes regionales os acostumbráis mejor a llevar faldas.

Alexander no se molestó, aceptando de buena gana:

—Está bien; os prometo representar a la heroína más seductora que jamás hayáis visto.

Y lo hizo con gracia y donaire, demostrándoles a todos que el serio escocés, cuando consideraba que debía hacerlo, era tan divertido y guasón como el primero de los estudiantes.

Alumnos, profesores y los invitados rieron con ganas viéndole evolucionar por el improvisado escenario con desenfadado revoloteo de faldas, máxime al saber que, bajo aquellos vestidos de mujer, bajo aquellos collares de colores chillones y todos los adornos, estaba el serio y grave estudiante de Medicina, Alexander Fleming, el férreo muchacho escocés.

Alexander estudiaba sin ningún esfuerzo aparente. Su prodigiosa memoria le permitía recordar, con un solo repaso, las cosas más nimias o confusas.

Diremos de una vez que esta faceta de Fleming, no por menos conocida, es menos cierta. Lo que ocurría era que no le agradaba mostrarse alegre y frívolo delante de las personas que no tenían toda su estima; en tales casos se recluía en sí mismo y era muy capaz de permanecer encerrado en su cascara durante horas y horas, sin sentir la necesidad de soltar una sola palabra.

Esta fue una dualidad muy suya, constante siempre en el transcurso de sus días. Por ejemplo, en su casa, pese a ya haber conseguido los primeros premios de biología, anatomía, fisiología, histología, farmacia, patología clínica, era normal verlo dispuesto a cerrar los libros de texto para participar muy gustosamente en los juegos con sus hermanos.

—Parecía como si nunca tuviese nada que hacer —dijo de él su hermano Tom en cierta ocasión—. A Alex no recuerdo haberlo visto angustiado en vísperas de exámenes. Todos nosotros teníamos que encerrarnos en el cuarto y no distraernos, apretando de firme. Alex no; él de pronto soltaba los libros y acercándose al grupo nos preguntaba:

»—¿Puedo entrar también yo en el juego?

»—¿Pero no tienes que estudiar?

»—Sí; ya lo hice.

Así de sencillo. ¡Ya lo hice!

De él decía también su hermano Robert:

—Cuando leía algún libro de medicina, yo me quedaba maravillado al verle girar las páginas tan rápidamente como si estuviera leyendo una novela. Y eso sí: gruñía si juzgaba que el autor se equivocaba. ¡Alex gruñía con frecuencia!

Aclaremos que el gruñir de Alexander Fleming en tales casos tenía una justa motivación, como el hombre que considera que, para decir unas cuantas cosas que sean tan importantes y ciertas, no hace falta llenar hojas y hojas de papel perdiéndose en un mar de divagaciones inútiles.

—Las verdades —solía decir Fleming— siempre son simples y elementales. Perdernos en disquisiciones vagas y confusas es tanto como estropearlas, mientras que se hace perder el tiempo lastimosamente a los demás.

Después de cierto tiempo de instrucción teórica, los estudiantes de Medicina eran admitidos en el Hospital de Saint Mary's, donde la práctica les enseñaba a curar heridas, abrir abscesos, pasar sondas, extraer dientes y efectuar tareas diversas propias de aquel centro. Cuando le llegó el turno, Alexander Fleming realizó todos esos trabajos con el cuidado y la meticulosidad en él característicos. Incluso solicitó permiso para inscribirse en el curso de cirugía, pese a sentir cierta repugnancia física al ver realizar operaciones en un cuerpo vivo.

Ya era habitual en él y a nadie extrañó verlo aprobar el curso con matrícula de honor. Estaba bien preparado y cuando él quisiera podía empezar a ejercer su profesión, abandonando el Hospital de Saint Mary's; allí nada más podían enseñarle.

Y, no obstante, otra «casualidad» ocurrida en aquel año de 1905, determinaría que Alexander Fleming permaneciese allí hasta el fin de su vida.

La cosa tuvo también un principio al parecer poco trascendente, ya que se le pidió al joven Fleming que no abandonase el Centro por motivos puramente deportivos. Su fama de excelente nadador nadie mejor que los componentes del equipo de waterpolo del Saint Mary's la conocía, ya que no hacía mucho, y tomando Alex parte en un equipo contrario al Hospital, había sido vencido.

De forma que, para no perder a tan excelente nadador, uno de los ayudantes del profesor Almroth Wright le pidió que se quedase allí con ellos al terminar su carrera.

Para entusiasmarle con la idea, el doctor Freeman le indicó, ofreciéndole un puesto en el laboratorio del sabio Wright:

—Aquí con nosotros se encontrará usted como en su casa, querido Alex.

—Lo siento, doctor Freeman; pero sabe que no estoy interesado en la bacteriología.

—¿Lo dice por su título de cirujano que le han dado recientemente?

—Por eso y porque tengo pensado dedicarme exclusivamente a mi carrera.

El ayudante del profesor Almroth Wright se rindió, exclamando con franqueza:

—Piense usted en nuestro equipo de waterpolo.

Alexander Fleming sonrió divertido por la idea que se tenía de él. Deseaban retenerlo allí no por sus cualidades de médico, cirujano o colaborador en el laboratorio, sino porque era fuerte, resistente y nadaba muy bien.

¡Por el equipo de waterpolo!

Se ha dicho que una de las cualidades sobresalientes de Fleming fue el sentido que tenía de la fidelidad. Así es que fue esto, precisamente la fidelidad al equipo de waterpolo del Hospital de Saint Mary's, por extraño que se nos antoje, lo que le decidió a aceptar, admitiendo:

—¡Está bien, doctor Freeman! Me quedo con ustedes. ¡Todo sea por el dichoso waterpolo!

Fue así como aquel muchacho, que recientemente había terminado su brillante carrera, quedó inscrito en la plantilla del Saint Mary's como un colaborador más del laboratorio que, como un soberbio patriarca lleno de experiencia y sabiduría, regentaba el famoso bacteriólogo Almroth Wright.

Por supuesto que en aquellos instantes todos ignoraban que, hasta el final de su vida, Alexander Fleming había adquirido el compromiso formal de permanecer allí, donde toda una aplicada pléyade de hombres de ciencia dedicaban día y noche a la búsqueda de remedios que mitigasen los dolores de la sufrida humanidad.

Solo mucho tiempo después, el mismo Fleming diría a las nuevas generaciones de estudiantes de Medicina:

—El deporte tuvo en mi carrera una importancia muy decisiva, amigos míos. Yo les aseguro que, si en mis comienzos no me hubiera interesado por la natación, nunca habría ingresado en este Hospital de Saint Mary's y, consiguientemente, no habría tenido de profesor al sabio Almroth Wright, no convirtiéndome en bacteriólogo y por lo tanto no habría descubierto la penicilina...

LA INVESTIGACIÓN

Pronto pudo comprobar Alexander Fleming que había hecho una buena elección al quedarse en el Hospital de Saint Mary's, cuando, siendo un estudiante, trató al magnífico equipo de investigadores que el inteligente profesor Almroth Wright tenía junto a él en el laboratorio.

Hombres de ciencia tales como Stuart Douglas, Leonard Noon, Bernard Spilsbury, John Freeman, Carmalt Jones y el mismo Leonard Colebrook ya estaban años atrás, escudriñando casi con una feroz atención los tubos de ensayo del laboratorio, las probetas, las vacunas, los microbios y todos los inyectables que por aquellas fechas, o se discutían, o se aceptaban ciegamente como milagrosos.

Un afán común unía estrechamente a todos aquellos hombres que, en su constante búsqueda, casi se olvidaban de ellos, de sus familias.

Desde el primer instante al joven y laborioso Fleming le agradó este ambiente de total dedicación hacia los demás, pues no en vano, desde muy joven, uno de sus anhelos era poder prestar ayuda a los suyos, a sus amigos, a todo el mundo. Allí se respiraba franqueza y lealtad, amor al trabajo, desinterés, abnegación y un profundo respeto por la vida.

El mismo jefe de equipo del laboratorio, al que cariñosamente los más antiguos llamaban el Patrón o el Viejo, visto de cerca resultaba un hombre genial y singular.

El bacteriólogo Almroth Wright poseía una desbordante personalidad y una cultura inmensa, capaz de abarcar cualquier materia incluso fuera de campo de la Medicina. Se decía, y era bien cierto, que aquel hombre disfrutaba de una clientela rica y elegida, puesto que por aquellos años no había en Londres ningún aristócrata o millonario que padeciese tifus o de forúnculos sin que rogase ser visitado por él. A Almroth Wright se recurría también cuando llegaban las trágicas horas de las consultas médicas, a la cabecera de un paciente que irremisiblemente se moría.

Él acudía a todas partes y jamás negaba su colaboración, cobrando sumas realmente asombrosas. Pero con la callada intención de emplear gran parte de aquellos elevados honorarios al sostenimiento del laboratorio del Hospital de Saint Mary's, que año tras año, según avanzaban las investigaciones médicas, necesitaba más dinero.

Este silencioso desinterés del Patrón también le agradó al joven Fleming, que en unión de los otros colaboradores se entregó en cuerpo y alma a la oscura labor del investigador. Llegaba cargado de diplomas, medallas y cuadros de honor, y pronto les demostraría que no había obtenido todo esto por simple casualidad o gracioso regalo.

El tiempo se encargaría de demostrar que aquel joven escocés, serio, reconcentrado y taciturno, estudiante sin igual, de una capacidad para el trabajo y la concentración asombrosa, era un digno compañero de aquellos héroes anónimos que dejaban las pestañas y su vida poco a poco allí, ante los instrumentos del laboratorio de Almorth Wright.

Sí; los años, con su discurrir, se encargarían de demostrarles que no solo les imitó, igualándose a todos ellos, sino que les sobrepasó y dignamente le aceptaron por «su maestro».

Lo harían así, sin recelos, sin ironías, noblemente y con el corazón abierto, pues aquel pequeño grupo de hombres dedicados por entero a la ciencia, más que un equipo de trabajo, constituían una verdadera, una auténtica hermandad, casi como una especie de orden religiosa, en la que solo importaba la misión que todos ellos deseaban cumplir.

Sacerdotes de la ciencia desde el primero hasta el último, al joven Fleming se le trató desde los primeros momentos como uno más entre ellos, aceptando sus primeras sugerencias con la deportividad característica de los espíritus selectos y las almas nobles, sin reticencias, sin ironías, sin reproches, sin burlas o amonestaciones por sus audacias, que más bien celebraban cuando con cualquiera de sus indicaciones como fruto de su penetrante observación, les ahorraba a todos mucho trabajo y no pocas horas de fatigosa investigación.

Allí, en aquella especie de santuario, Alexander Fleming supo bien pronto que jamás, nunca, de aquellos labios saldría una broma de mal gusto por su condición de hijo de humildes granjeros escoceses. Quizá porque, como él, allí todos eran avaros del tiempo, de las palabras tontas, superfinas, de las absurdas pérdidas de tiempo dedicado a la envidia, a la maledicencia y a la estupidez.

En medio de esta paz, de esta armoniosa convivencia, ¿es de extrañar que sir Alexander Fleming había preferido no cambiar nunca de lugar de trabajo y terminar su vida en aquel viejo laboratorio?

La felicidad está allí donde la maldad y la envidia no empaña las cosas ni emponzoña las almas. La dicha del ser humano está allí donde encuentra otros semejantes como él que, entregándose en aras de los demás, reciben a cambio la moneda de la comprensión. Y, si en principio se quedó para formar parte del equipo de waterpolo del Hospital de Saint Mary's, más tarde supo que había elegido bien y que seguiría allí de por vida para obtener otros triunfos mayores que los puramente deportivos.

El Patrón no tardó en fijarse y llegar a apreciar al joven Fleming, que había venido a engrosar su equipo de colaboradores, tanto por sus prendas personales de seriedad y laboriosidad como por el resultado de sus trabajos y la certeza de sus juicios cuando exponía su opinión.

Lo curioso del caso era que, temperamentalmente, ambos eran incompatibles. Almroth Wright era enormemente bullicioso y discutidor, exaltado y nervioso, capaz de enojarse y volver a sonreír, alternativamente, diez veces en una hora. Lo mismo estaba de buen humor y reía a carcajadas, que llegaba echando sapos y culebras por la boca al borde de la ira casi infantil. El silencio del taciturno escocés muchas veces le crispaba los nervios y le sacaba de quicio; aquel joven científico nunca estallaba en cóleras, jamás se alteraba, siempre permanecía centrado y dueño de sí mismo, como la milenaria esfinge del desierto egipcio que sonriente ve pasar la larga noche de los siglos.

Pero tanto uno como el otro sabían apreciarse, y, púdicamente, Fleming confesó muchas veces que una de las más preciosas suertes de su vida fue ser iniciado por los caminos de la ciencia por tal maestro. A su vez, Almroth Wright se encontró muy satisfecho junto a aquel terrible trabajador, constantemente imparcial, justo y de una lealtad absoluta, del que solía decir:

—Nunca le ha gustado hablar a Fleming; pero pueden estar seguros de que, si se decide a emitir un juicio, este resultará cabalmente inteligente.

En los primeros meses de trato mutuo del taciturno escocés, el maestro solía decir:

—La agudeza y la clarividencia de este muchacho son indudables. ¡Llegará muy lejos!

De sabios es adivinar, y el gran bacteriólogo Almroth Wright lo hizo con respecto al descubridor de la penicilina, aunque para conseguirlo lo vio luchar denodadamente durante años y años, casi totalmente ignorado, inclinado sobre la mesa de su laboratorio, quemándose las pestañas a través de un rudimentario microscopio y olvidándose que tenía un cuerpo sano, mucha fortaleza física y una vida joven que satisfacer y llenar.

Nadie mejor que el jefe del laboratorio del Hospital de Saint-Mary's sabía los sacrificios que implicaba una tarea así. Cuando Fleming era todavía estudiante, Almroth Wright estaba empezando sus ensayos sobre la vacunoterapia, coincidiendo sus primeros trabajos con la graduación del joven médico. Fleming leyó sus informes sobre el «índice opsónico», deseando mantenerse al corriente de la lucha científica que por aquellos años tenía lugar entre los sabios franceses y los alemanes. Para los discípulos del famoso Instituto Pasteur de París, la causa de la inmunidad contra las enfermedades eran los glóbulos blancos de la sangre, los leucocitos, células vivas que devoraban a los microbios nocivos. Para los alemanes, la causa era el poder bactericida del plasma sanguíneo.

Almroth Wright conocía ambas teorías y su mente inquieta observó que en todos los seres vivos existían enormes fuerzas latentes, capaces de luchar contra los gérmenes de las enfermedades si primero han experimentado un estímulo apropiado.

Fue entonces cuando empezó a estudiar y a investigar el comportamiento de los leucocitos.

Hasta aquellos momentos, los diagnósticos médicos se efectuaban por auscultación, percusión o palpación. Almroth Wright descubrió que los microbios tenían que estar, en cierto modo, convenientemente preparados para que pudieran ser devorados por los leucocitos. Por lo tanto, unía los puntos de vista de los científicos franceses y el de los alemanes.

Esta función preparadora la llevaba a cabo una propiedad del plasma sanguíneo a la que el sabio inglés llamó «opsonina». El «índice opsónico» puede calcularse por un análisis de la sangre, apareciendo así un nuevo método diagnóstico que, sin dudarlo un solo instante, Wright puso en mano de los médicos.

Valga todo esto para decir que Fleming terminó su carrera de médico en medio de un clima de esperanzas y de excitaciones por esperados descubrimientos médicos que, de una forma absoluta, no terminaban por llegar. Alexander Fleming colmaría estas aspiraciones, pero por el momento solo tenía veinticinco años cuando, exactamente el 6 de agosto de 1906, al día siguiente de recibir su título, ingresó en el laboratorio Almroth Wright.

Justamente en su cumpleaños.

De este período dedicado a la investigación y al estudio de la función bactericida de los leucocitos, le quedaría ya para siempre al doctor Fleming el convencimiento de la gran importancia que tienen las defensas.

Pero, como todo en él, la idea quedó firme en su mente no solamente por las investigaciones científicas llevadas

El Patrón no tardó en apreciar al joven Fleming, a pesar de que eran muy distintos temperamentalmente.

a término en el laboratorio, sino enlazando estas con otras más simples y naturales que a cualquier otro observador habría pasado por alto.

Cierto día, el equipo de tiro del regimiento escocés al que Fleming siempre siguió perteneciendo desde el punto de vista deportivo, ganó un trofeo, la copa concedida por el prestigioso periódico *Daily Telegraph*. El concurso se realizó en Bisley, lugar al que llegaron los concursantes tras una agotadora marcha de doce millas.

Más tarde, hablando de esto, el mismo Fleming contaría:

—Mientras los del regimiento escocés avanzábamos, íbamos encontrando hombres que pertenecían a otras compañías, caídos en las cunetas muertos de cansancio. Los pobres no pudieron más y se pusieron a descansar, viéndonos pasar a nosotros con envidia.

En Horsell Common encontraron lo que había quedado de los Life Guards, todos ellos con la lengua fuera. Y Fleming terminaba su anécdota manifestando con el orgullo de buen escocés:

—La marcha fue una estupenda prueba de la excelencia del *Kilt* como traje de campaña, pues fuimos el único equipo que llegó completo y con puntualidad.

Todo esto les ocurrió dos días antes de un examen de Fleming, por lo que una vez más en su vida, las cuestiones deportivas o militares se mezclaron graciosamente con las cuestiones médicas. Lo cierto es que la aventura de la marcha de las doce millas y el concurso de tiro le fue de gran utilidad, ya que él mismo añade:

—El lunes siguiente tenía que presentarme a un examen y me tocó una pregunta sobre «la humedad relativa del aire y sus efectos sobre los esfuerzos humanos».

»Como yo no sabía casi nada de ese asunto, le conté al catedrático la historia de la marcha del sábado, y comparé el *Kilt* con los pantalones, deduciendo los maravillosos resultados de utilizar la indumentaria escocesa. El resultado fue que obtuve medalla de honor...

Y, muy satisfecho y sonriente, Fleming acostumbraba a añadir a esta anécdota:

—Desde luego... ¡El catedrático era escocés!

Bromas y anécdotas divertidas aparte, lo cierto es que antes de cumplir los veintiocho años Alexander Fleming ya había obtenido la más alta distinción que su profesión podía ofrecerle en Inglaterra: la Medalla de Oro que no había sido concedida a nadie desde hacía la friolera de ¡cuarenta y nueve años!

Esto ocurrió en 1909, época en que empezó a estudiar el «acné», ese desagradable y terrible mal que hasta entonces se creía producido por una infección estafilocócica. Sus investigaciones le llevaron a declarar que se había estado viviendo en un error, publicando que se trataba de una infección bacilar específica. Sus sabias y acertadas conclusiones salieron en la revista *The Lanoet*, explicando en detallado artículo la «Etiología del acné vulgaris y su eficaz tratamiento por vacunas».

Treinta días después, publicaba otro artículo en la misma revista en el que esperanzadoramente anunciaba el joven científico: «Un método simple de diagnosis de la sífilis por suero».

El mundillo científico de la medicina se conmovió ante el anuncio de una diagnosis de la sífilis, pues esta enfermedad tenía atrapados entre sus mortales garras a millones de personas que ignoraban si podían o no tenerla.

Por estas fechas de 1909, en el mes de agosto, en Alemania, Paul Ehrlich inyectó a seis conejillos de ensayo en estado avanzado de sífilis una solución de su compuesto llamado 606, y los animalillos curaron. Entusiasmado, el científico alemán Ehrlich creyó que había encontrado la solución definitiva y lanzó las campanas al mudo. Anunció el descubrimiento de la arsfenamina (606) nada menos que en el Congreso Médico de Wiesbaden, ya en el mes de abril del año 1910.

Otro científico llamado William Haynes, a raíz de esto anunció:

—El descubrimiento de Paul Ehrlich crea una nueva arma contra la enfermedad más dañina que conocemos, dándonos de nuevo la esperanza de nuestra última victoria sobre todas las enfermedades provocadas por gérmenes.

Desgraciadamente, no fue así, aunque con la arsfenamina nació la moderna quimioterapia, que era una palabra de indiscutible cuño del alemán Paul Ehrlich.

Pero Alexander Fleming no se desanimó y quizá por eso la primera substancia quimioterápica que se llegó a utilizar en Inglaterra fue, precisamente, en el Hospital de Saint-Mary's para combatir las enfermedades provocadas por gérmenes dañinos. El taciturno escocés utilizó la arsfenamina y quedó vivamente impresionado por la rapidez con que actuaba sobre los conejillos que padecían sífilis. Todos estos ensayos y experimentos le llevaron a publicar, ya en junio del año 1911, y en colaboración con un colega suyo llamado Colebrock, un estudio que titularon: «Sobre la utilización de la arsfenamina en el tratamiento de la sífilis».

Habrá que recordar que el famoso sabio francés Pasteur había dejado bien establecida la teoría de los gérmenes provocadores de las enfermedades. Ya nadie discutía en 1911 esta verdad demostrable y ahora había nacido la quimioterapia, que unía a la fuerza de la biología y de la química en una lucha que ya empezaba a conseguir resultados apreciables.

Lástima que cuando esta nueva etapa de la historia de la medicina empezaba, como si las enfermedades, los microbios, los gérmenes y todos los malévolos virus no bastaran, en los corazones de algunos hombres anidó otro mal también dañino y destructor: ¡la guerra!

En agosto de 1914, las noticias se olvidaron de la sorda lucha de la ciencia para dedicarse a propagar las de la fratricida lucha que empezaba entre las naciones de Europa. Ahora los hombres dejarían de combatir en los laboratorios en aras del bien común para toda la raza humana, al tener que dedicarse a matarse los unos a los otros.

La Primera Guerra Mundial de 1914 al 1918 iba a trastocar la normalidad del trabajo de todos estos abnegados científicos e investigadores, que se verían empujados a ocuparse en tareas más urgentes de un tipo muy especial.

Sobre todo, los médicos.

Y Alexander Fleming era, ante todo y por encima de todo, un médico.

Para un pueblo que ha alcanzado un alto grado de civilización o de bondad moral, la guerra, para que sea honrosa, debe ser defensiva.

Louis de Bonald

AÑOS DE ESPERA

Por lo que respecta a Gran Bretaña, el Gobierno inglés declaró la guerra a la Alemania del Kaiser el día 4 de agosto de 1914, iniciando así una lucha trágica y sangrienta que duraría casi cinco largos años.

Solamente unos meses antes, en abril de aquel mismo año, Alexander Fleming había decidido terminar su larga relación con el regimiento de escoceses de Londres, en el que, casi siendo un niño, se había alistado voluntario. Lo quería así debido a sus muchas ocupaciones y a su creciente responsabilidad en los trabajos de investigación que seguían realizándose en el laboratorio del Hospital de Saint-Mary's, siempre bajo las órdenes del sabio profesor Almroth Wright.

Al iniciarse la contienda, muchos hombres empezaron a aprender el manejo de las armas, tardando muy pocas semanas o días en conseguir saber cómo se debía disparar para matar a otro hombre. En contraste, como una paradoja irónica, eran muy pocos los que sabían socorrer a aquellos que la justa réplica del enemigo hería en las trincheras.

Aparte de esto tan necesario, por primera vez en la historia de la guerra, ahora se utilizaban poderosísimos explosivos que, además de matar, herir y desgarrar, también causaban infecciones en las heridas en una escala que jamás se había imaginado. Esto hizo que a los pocos meses las autoridades se dieran cuenta de la importancia que podía tener las investigaciones médicas.

Fleming tuvo que marchar a Francia, donde en Boulogne se había montado un laboratorio bajo la supervisión del sabio profesor Almroth Wright, que fue nombrado coronel del Servicio Médico del Ejército, con la misión de buscar la forma que las horribles heridas recibidas por los soldados aliados en los distintos frentes de batalla no se infectaran con la frecuencia que lo hacían.

Molesto, y como siempre irritable, dado su temperamento fogoso, el maestro protestaba ante sus colaboradores:

—¡Esta guerra es una majadería! El hombre camina más de prisa hacia su destrucción cada día. En cada nueva guerra, las armas son más poderosas y destructivas.

Con su calma habitual, siempre sereno y taciturno, Alexander Fleming intentaba tranquilizarlo con el sosiego de sus palabras:

—Pronto terminará esto, jefe. Día llegará en que podremos evitar esas terribles infecciones.

Cierto que ellos no luchaban con las manos aferradas a un fusil en las sucias trincheras bombardeadas por los poderosos cañones alemanes, pero lo hacían en unas condiciones pésimas, de improvisación y con la desesperación en sus nobles corazones, al verse incapaces de atajar los innumerables casos de septicemia, de tétanos y, sobre todo, de la horripilante gangrena que tenían que ver en las constantes oleadas de heridos sentenciados que les traían de los frentes.

Fleming podría ser tranquilo, taciturno y sosegado, pero se desesperaba como sus compañeros de trabajo, sin dejar de decir:

—Es preciso encontrar una substancia química que se pueda inyectar sin peligro en el sistema sanguíneo, para que destruya los bacilos infectantes.

Ahora lucía sus galones de teniente del ejército británico, aunque pocas veces usara el uniforme por estar durante horas, días, semanas y meses, ocupado tanto en sus funciones de médico cirujano como de científico investigador.

El laboratorio se había instalado en el último piso del elegante casino y pronto todos los salones se cuajaron de las camillas donde descansaban precariamente los heridos que debían examinar. Fleming los veía unos junto a otros, padeciendo con sus infecciones a cuestas con la fiebre y luchando hasta última hora con la muerte. Durante la noche, algunos daban gritos o se debilitaban hasta perder el pulso y quedar silenciosos, rígidos como tablas con la mortal frialdad del mármol en sus cuerpos que ya no padecerían más.

Aquellos eran los síntomas inconfundibles de la gangrena y era preciso practicar amputaciones a toda prisa, aunque fueran pocos los que lograban sobrevivir a estas intervenciones veloces. Todo esto le impresionaba al taciturno escocés, que vivía la trágica inutilidad de la ciencia para aliviar los dolores humanos.

—Con esta guerra hemos vuelto a las infecciones de la Edad Media —declaró un día el director general del Servicio Médico del Ejército.

Aquel era un urgente problema que Fleming y sus colegas debían resolver, aunque… ¿qué comportamiento debían observar con las heridas sépticas para salir victoriosos sobre sus terribles consecuencias?

Por aquellas fechas, se empleaban substancias químicas para desinfectar las heridas y los instrumentos empleados en las operaciones. Todo esto lo había enseñado y establecido el gran Pasteur. Pero, si en las heridas quirúrgicas es poco frecuente que aparezca la infección, los heridos en las trincheras tardaban horas, días, en llegar antes de poder ser tratados como era debido.

¡Esto era lo que causaba la terrible mortandad!

Empezaron a experimentar con los antisépticos conocidos, para observar su poder de aniquilación de los microbios. Fue cuando Fleming no tardó en descubrir que, si bien los antisépticos destruían los gérmenes, también destruían los tejidos.

Dudó, vaciló, pero al fin, con su firmeza habitual y después de largas investigaciones, empezó a criticar los numerosos antisépticos. Según palabras del propio profesor Parmet, Fleming «se convirtió entonces en el ardiente y militante antagonista de los antisépticos».

Claro está que no bastaba con señalar lo inadecuado de esos productos empleados; lo que había que hacer era buscar soluciones, y Fleming se propuso llegar al fondo del problema. Para hacerlo se hizo estas preguntas:

—¿Cómo matar las bacterias que ya han tenido acceso a una herida, y han provocado una infección que ha invadido los tejidos hasta profundidades considerables?

El profesor Wright le contestó:

—Primero tenemos que comprender el proceso fisiológico que se opera en la herida, querido Fleming. ¡Y aún no lo conocemos!

—Es cierto, maestro. ¡Ni siquiera superficialmente!

Pero Fleming iba a ser quien haría importantes observaciones en el Hospital de Base número 5 de Boulogne, explicando las razones por las cuales se infectaban tan rápidamente las heridas de guerra.

Ahora bien, la gangrena causa la muerte por un exceso de acidez en la sangre, por lo que probaron inyectar a los heridos soluciones de bicarbonato para contrarrestarla. No obstante, siguiendo con sus observaciones, Fleming dijo a los médicos que trabajaban con él:

—No basta con restablecer el grado de alcalinidad normal de la sangre alterada. ¡Tenemos que seguir con nuestras investigaciones!

Empleaba el plural por su modestia habitual, pero fue él quien se dedicó de lleno al estudio de las fuerzas naturales de protección, cada día más seguro de que estas eran las únicas que tenían el poder suficiente para combatir la acción mortífera de los microbios combinados.

—Lo malo es que la gravedad de estas infecciones —dijo— no es más que el resultado de una extrema destrucción de los tejidos por los proyectiles y la metralla. Si nada más recibir las heridas los soldados, el cirujano pudiera extirpar todo este tejido muerto, casi puedo asegurar que las infecciones pasarían a ser insignificantes.

No obstante, sin encontrar todavía la solución idónea, lo cierto es que Fleming por estas fechas ya estaba salvando vidas en una constante labor callada y abnegada, que con el tiempo significaría para la ciencia un gran paso.

Mientras, durante la contienda y calladamente, como solía hacer todas sus cosas, contrajo matrimonio el día 23 de diciembre de 1915 con la señorita Sarah Marión McElroy, enfermera jefe que dirigía una clínica particular, de la que era propietaria, en el mismo corazón de Londres.

Nadie quiso creerle cuando, al regresar de su permiso, accidentalmente habló de su esposa con sus compañeros de trabajo. Todos sus amigos de equipo se negaron a tomarlo en serio, incapaces de imaginar que aquel hombre tan taciturno y reservado, silencioso y serio, se había decidido a hablarle de amor a ninguna muchacha. Entre risas y bromas le exigieron que al menos les mostrase una fotografía de «la señora Fleming», a lo que él se negó por el tímido pudor que siempre tuvo para estas cosas.

De esta timidez nos habla la siguiente anécdota contada por la misma esposa de sir Alexander Fleming, el día que, tras una ligera enfermedad, una de sus amigas le aconsejó:

—Debe usted cuidarse, señora Fleming. ¿Qué sería de su esposo sin usted?

—¡Oh! No se preocupe por mi Alex, querida amiga —respondió ella—. Si le faltase, se volvería a casar.

Y después, tras sonreír y un breve silencio, Sarah Marion McElroy añadió, recordando el período de relaciones con su esposo:

—Ahora bien, la que lo intente, sea quien sea..., ¡tendrá que pedírselo ella misma!

Lo cierto fue que Sarah, católica militante irlandesa, logró atravesar la armadura de timidez que protegía la sensibilidad de aquel joven investigador, llegando al fondo de aquellos bellos ojos azules que de vez en cuando brillaban con una bondadosa malicia de comprensión y amor.

Su hermana gemela, Elizabeth, viuda de un australiano, también se casaría poco después con John Fleming, hermano de Alexander, con lo que se estableció un doble lazo familiar que solo la muerte podría separar.

Ante los síntomas de la gangrena, era preciso amputar de inmediato, aunque muy pocos lograban sobrevivir a esas apresuradas intervenciones.

Y esta mujer singular que durante treinta y cuatro largos años compartiría la vida con Fleming, siempre respetó su trabajo y hasta se lo facilitó, al aportar al matrimonio cierto bienestar económico al vender su clínica de Londres e instigar a su marido para que él también dejara su clientela y pudiera dedicar más horas a la investigación. Por supuesto que tal comportamiento entrañaba por su parte un gran desinterés, puesto que tuvo que resignarse a llevar una vida bastante solitaria, yendo al teatro sola o acompañada por algunos amigos, cuando Fleming, como era habitual en él, pasaba las noches encerrado en su laboratorio estudiando con el microscopio entre las manos.

El día 11 de noviembre de 1918 terminaba la Primera Guerra Mundial, siendo licenciado Fleming con el grado de capitán médico. Tenía entonces treinta y siete años, y se apresuró a incorporarse al equipo de colaboradores que trabajaban en los laboratorios del Hospital Saint-Mary's, tratando de enfrentarse decididamente con los profundos problemas que se les habían planteado durante la contienda.

—Todo aquello me había impresionado profundamente —escribiría el mismo Fleming tiempo después—. Sobre todo, la elevada mortalidad entre los heridos que nos enviaban desde los frentes, ya que un elevado número murieron víctimas de las infecciones.

Tras el forzado paréntesis de la guerra, de nuevo empezaron diversos experimentos con el objeto de llegar a resultados definitivos. Su divisa era entonces, como más tarde lo fue durante toda su carrera:

—Escepticismo para los viejos métodos conocidos, y actividad para encontrar las causas de las dolencias y la manera para tratarlas —como él mismo solía decir.

Pero seguía firmemente convencido de la veracidad de su teoría de las protecciones naturales del organismo, aunque en sus fatigosas noches de investigación se preguntase:

—¿Cuáles son? ¿Primero la sangre y luego los leucocitos? ¿Cómo debo empezar?

Hacía tiempo que había quedado establecido que los leucocitos eran los principales agentes que luchaban contra las infecciones. Fleming sabía muy bien que los leucocitos se concentran en los lugares más infectados, formando así lo que vulgarmente se llama pus, obrando para que ningún microbio pueda desarrollarse.

Y Fleming probó que los antisépticos, al eliminar el pus, eliminaban al mismo tiempo el poder bactericida de los leucocitos, matándolos incluso antes que a los microbios. De aquí dedujo que solamente se podían utilizar antisépticos para desinfectar las partes exteriores de las heridas, diciendo al respecto:

—Mis experimentos me han llevado al convencimiento de que, probablemente, el agente bactericida más importante son las mismas células del cuerpo humano...

Ni aun el nacimiento de su hijo Robert, en 1924, distrajeron su mente de estos arduos problemas de investigación. Tras la guerra, se había vuelto a instalar en Londres, y muchas noches, cuando regresaba a su hogar, el joven científico se acercaba al lecho de su hijito para asegurarse de que dormía plácidamente. Si no estaba bien tapado, él lo hacía, aunque su esposa le acusara de permanecer fuera de la casa demasiadas horas.

—Mujer —solía excusarse—, tú conoces nuestra profesión. ¡Has tenido una clínica!

Sarah Marion McElroy recordaba que lo había sacrificado todo para su hogar, pero terminaba por comprender a su marido que, por otra parte, en el fondo, delicado y tierno dentro de su seriedad habitual, en ciertas ocasiones olvidaba sus quehaceres para jugar con el pequeño Robert, dejándose llevar por el amor que sentía por los niños, las flores, los pájaros, los árboles y todo lo que fuera inocente y espontáneo.

Pero, si todo era felicidad y comprensión en el hogar, no ocurría así en el viejo laboratorio de Saint Mary's, donde, al ser nombrado Fleming subdirector a propuesta del viejo sabio Almroth Wright, el doctor Freeman, considerándose más antiguo que él, se mostró profundamente herido y acusó al nuevo subdirector de intrigar para conseguir el puesto.

La paz del laboratorio quedó enturbiada, terminando por dividirse en dos bandos aquel grupo de hombres que, durante años, venían dedicándose a la común investigación en una verdadera labor de equipo.

Fleming quiso borrar aquel mal entendido del doctor Freeman, tendiéndole su mano noblemente al decir:

—Donde reina la envidia, amigo mío, no puede vivir la virtud. No soy responsable de ese nombramiento, pero no voy a renunciar a él porque usted coja esa rabieta. ¿Qué le parece si olvidamos esto y nos ponemos a trabajar?

No consiguió obtener del rival una contestación noble y adecuada, y Fleming optó por lo más práctico. Olvidar aquellas querellas y enfrascarse nuevamente en su trabajo, siempre en busca de «algo» que pudiera significar un gran adelanto para tratar las enfermedades infecciosas. Y en esa labor pasó días y días dedicado por entero a sus laboriosas investigaciones, no exentas de peligro, ya que en muchos de sus experimentos tenía que tratar con microbios y virus con los cuales él mismo se podía infectar.

La sorda lucha entablada contra aquellos elementos y su capacidad de investigación se desarrolló día a día entre aquellas paredes del viejo laboratorio sin más testigos que los hombres de su equipo. Allí, Fleming trabajaba, pensaba, observaba, anotaba y volvía de nuevo a empezar, una y otra vez, avanzando a ciegas, pero intuyendo que algún día el fruto de sus esfuerzos se convertiría en la esplendorosa realidad que soñaba.

Al terminar la guerra, siguió la pandemia de gripe y, naturalmente, Fleming fue uno de los que se lanzó al estudio de esta enfermedad. Hacía algunos años que un médico alemán llamado Pfeiffer, durante la pandemia del año 1890, había logrado aislar un microbio extraño que creyó era el causante de la gripe. Este microbio iba a convertirse en uno de los más esquivos y discutidos en toda la historia de la bacteriología, ya que durante cierto tiempo fue declarado culpable de las grandes epidemias de gripe, que de vez en cuando asolaban el mundo.

Por supuesto que salieron opiniones contrarias proclamando su inocencia. Ya en 1904, el doctor Besancón, en plena epidemia, se dedicó a buscar «el bacilo de Pfeiffer» entre sus enfermos atacados por el mal, no logrando encontrarlo, según aseguró, ¡ni una sola vez!

Fleming se puso a estudiar con su paciencia habitual todo esto y, pese a encontrar tal bacilo en algunos enfermos de gripe, llegó a la conclusión de que era un microbio muy usual, y se le antojaba poco lógico que un germen tan corriente fuera la causa de epidemias tan serias.

—En este caso también me favoreció la suerte —dijo más tarde Fleming—. Y me favoreció por un acontecimiento casual, llevándome al descubrimiento de una sustancia que tenía un gran poder para destruir microbios. La llamé «lisozima».

En cierta forma, Fleming tenía razón al asegurar que todo fue algo casual. Sufrió un fuerte catarro y empezó a investigar sobre sus propias secreciones nasales, cultivándolas en placas de agar. Y un día que las estaba examinando, se asombró al ver que una gota de destilación nasal disuelta en un centímetro cúbico de estreptococos provocaba su desaparición en pocos minutos...

Hay que decir que la lisozima se encuentra en todos los tejidos del cuerpo humano, pero especialmente en las lágrimas, en la secreción nasal y también en la saliva. Asimismo, también se encuentra en gran cantidad en los leucocitos, en la yema de los huevos de gallina y en la saliva de los perros, donde Fleming comprobó que había más lisozima que en la humana.

Había encontrado, pues, una sustancia que existe en el cuerpo humano, aunque le quedaba otro arduo problema: ¿cómo poner la lisozima a disposición de los enfermos? Él mismo se dio la respuesta al decir:

—Fue una lástima que la mayoría de los microbios inhibidos por la lisozima no fuesen patógenos, los que causan las enfermedades. De manera que la lisozima no adquirió gran importancia en la terapéutica y resultó una desilusión práctica, aunque, eso sí, gran parte de la técnica que tuve que emplear para obtener la lisozima la empleé años más tarde en la investigación de la penicilina.

Cuando esto ocurría, ya había cumplido los 42 años y todavía era un desconocido para la mayoría de la gente. Solo los médicos especializados y los médicos de investigación conocían sus trabajos; y eso por medio de artículos que escribían en las revistas médicas, aunque llegados aquí diremos como Montaigne: «Con grandes méritos y aún mayor modestia, se puede permanecer desconocido durante mucho tiempo…».

De vez en cuando entregaba alguna de sus conclusiones científicas a su maestro Almroth Wright, quien, a su vez, tras dar su visto bueno, después de un minucioso examen, lo notificaba al mundo científico para su divulgación.

Pero aquellos ensayos, aquellos débiles destellos de lo que Fleming estaba persiguiendo día y noche, año tras año con su reconocida tenacidad escocesa, pasaba desapercibido incluso para sabios expertos en tales materias. Y es que, absorbidos por sus propias investigaciones y trabajos, no tenían en cuenta el nombre de Alexander Fleming, que cada vez sonaba más frecuentemente en las revistas médicas.

El descubrimiento de la lisozima y otros cuantos derivados más o menos efectivos, aunque bastante impuros y engorrosos de utilizar, no fueron para Fleming nada más que los primeros pasos camino de la gloria que le esperaba. Pero la batalla seguía, y un buen escocés que se aprecie como tal jamás vuelve la cara al cansancio ni al enemigo; no retrocede ante ningún esfuerzo.

Y Alexander Fleming siempre fue un buen escocés, por lo que prosiguió con su lucha…

El hombre que se entrega de lleno a su menes-
ter, si es un genio, se convertirá en un hombre
prodigioso; si no lo es, la tenaz aplicación al tra-
bajo lo elevarán por encima de la medianía.

DIDEROT

Y SE HIZO LA LUZ...

No con la elegancia del revolucionario francés Denis Diderot, pero sí con el mismo espíritu, Fleming dijo en cierta ocasión, refiriéndose a él mismo:

—Si un chico tiene demasiado dinero, no necesita desarrollar su personalidad y comúnmente no lo hace. Si tiene muy poco, ha de empezar a trabajar muy pronto y, dedicado a este menester, se eleva por encima de la medianía...

Él se vio forzado a hacerlo y se aplicó a su menester con tanto tesón y constancia que, siendo ya director adjunto del Departamento de Inoculación de Saint Mary's, en 1928 alcanzó el nombramiento de profesor de Bacteriología en la Universidad de Londres.

Y precisamente en estos momentos en que obtenía una posición preeminente en su carrera, una profunda pena vino a empañar su felicidad, al morir su buena madre aquel mismo año. El clan Fleming siempre había estado muy unido, y esta sensible pérdida le llenó de dolor; jamás olvidaría a la segunda esposa de su padre que había sabido unir a todos los hermanos con un profundo amor y que ahora les había dejado para siempre.

En los últimos años de aquella buena mujer, Fleming no había podido estar junto a ella todo el tiempo que él hubiera deseado, al haber aumentado mucho su trabajo y responsabilidades. El poco tiempo que le quedaba libre lo dedicaba a su esposa Sarah y a su hijito Robert, visitando en raras ocasiones a sus amigos más íntimos, con los que de vez en cuando jugaba al bridge o se reunía en el Círculo Artístico de Chelsea. A veces también pintaba óleos o se permitía disfrutar con una de sus mayores pasiones: la fotografía.

Hemos dicho «una de sus mayores pasiones», puesto que la mayor era su curiosidad. Una curiosidad innata por todo, que en su juventud había sido orientada hacia lo que él llamó «la naturaleza salvaje».

¡Más tarde, su curiosidad se centró en el problema de la bacteriología al entrar a formar parte del equipo que investigaba en los laboratorios del Saint Mary's. Allí fue donde empiezo a oír hablar del sabio profesor Almroth Wright y de la vacuna antitífica; de los leucocitos; del poder opsónico; del suero sanguíneo, y de otras muchas cuestiones de la materia. Para él, este campo resultó tan curioso y atractivo que decidió dedicar toda su concentración en él.

Para situar al lector, tendremos que decir que en el laboratorio donde efectuaba sus investigaciones Fleming y todo su equipo, no existían los modernos adelantos de que disponían los investigadores norteamericanos. En Saint Mary's todo era viejo y gastado por el uso, y hasta hay quien ha dicho que donde se descubrió la penicilina se respiraba mal, no había la suficiente luz y todo tenía un color pardo-oscuro.

Pero aquello tenía una ventaja: como era un local pequeño, todo estaba a mano y nunca se podían perder los instrumentos. El mismo Fleming dijo cuando los americanos le mostraron, tras su triunfo, sus modernos «santuarios esterilizados» donde trabajaban sus hombres de ciencia.

—¡Magnífico! Todo es muy grande y está muy limpio. Pero, señores... Yo nunca hubiera podido descubrir la penicilina en un lugar como este...

Y es que, en realidad, su portentoso descubrimiento se debió, aparte de a su ciencia, su tesón y su trabajo, a una irremediable falta de pulcritud.

Más adelante nos explicaremos.

Ahora empezaremos por decir que, en la mayoría de los grandes descubrimientos científicos, si bien existe una buena parte de investigación cuidadosa y deliberada, también hay una buena parte de suerte. Al respecto, citaremos al mismo descubridor de la penicilina cuando, después de su apoteósico triunfo y al ir a la Universidad de Harvard para recibir allí su doctorado, manifestó en su magistral discurso:

—Me he propuesto contarles una historia en la cual el destino desempeñó un gran papel. Resulta maravilloso comprobar cuánta importancia cobra el azar en nuestras vidas. Decisiones que hemos tomado sin sólidas razones, o que tomaron otros por nosotros, pueden tener una gran importancia en nuestra carrera. Esto demuestra que no somos más que simples peones colocados sobre el tablero de ajedrez de la vida...

Se extendió contando que él no habría sido médico si su madre y sus hermanos no le hubieran enviado a Londres; que habría podido ser un excelente granjero o un oscuro empleado de una compañía de navegación si una pequeña herencia no le hubiera facilitado la ocasión de emprender su carrera de médico; que no hubiera elegido el Hospital de Saint Mary's si no hubiera nadado bien; que incluso allí no habría sido nada más que un doctor si el insigne Almroth Wright no le hubiera permitido entrar en su laboratorio, enseñándole todo lo que sabía; que la penicilina no habría podido ser descubierta si una casualidad, primero con la lisozima y más tarde con la simple espora del hongo que descubrió, no hubiera caído en sus manos, y que, por último, esta no habría sido posible utilizarla si el gran químico Chain y sus colaboradores de Oxford no hubieran conseguido hacer posible que fuese fabricada absolutamente pura...

No obstante, en su discurso, el humilde escocés se olvidó de citar la célebre frase de otro gran hombre, benefactor también de la humanidad, que reza así: «El azar solo favorece a la inteligencia preparada».

Y es que Luis Pasteur, no menos humilde, pero sí más objetivo, sintetizó con esta frase que la suerte solo está dispuesta a mostrarse a aquellos que, mediante un duro esfuerzo y una sólida preparación, están capacitados para observar con vista aguda la «buena» suerte que está en el camino de los hombres elegidos.

Fleming explicó esto diciendo con su habitual gracejo:

—He admitido la suerte en mi descubrimiento, pero les diré que, si mi mente no hubiera estado a punto de alta percepción, es posible que no me hubiese fijado en el fenómeno que se presentaba ante mi vista.

Pero no ocurrió así, un día cualquiera que Fleming trabajaba en su laboratorio, abrió una caja que contenía gelosas y vio que estaba contaminada de moho. Aquello pareció molestarle por la frecuencia con que ocurría y le dijo al doctor Melvin Pryce, que estaba en aquel instante por allí:

—En cuanto se abre una caja de cultivo en este laboratorio, se enfrenta uno con preocupaciones. ¡Inmediatamente caen cosas del aire y lo alteran todo!

Pero siguió observando y al poco musitó casi para sí:

—¡Esto es curioso...!

Su vista aguda de sabio investigador empezó a interesarse por aquel moho, con la curiosidad que siempre le caracterizaba. Y es que empezó a observar que alrededor del moho las colonias de estafilococos se habían disuelto como si hubieran sido atacadas por un agente extraño y desconocido hasta entonces.

El doctor Pryce, igual que Fleming y otros investigadores del equipo, habían visto con frecuencia viejas colonias microbianas disolverse por múltiples razones. Pero en aquella ocasión el observador Fleming le dio importancia al caso y se dispuso inmediatamente a analizar qué clase de agente desconocido había hecho posible que aquellas colonias microbianas que sostenía en su mano desaparecieran como atacadas por la composición de aquel extraño moho.

Hay un tipo de moho, al cual pertenecen los mohos verdes corrientes del pan y del queso, que los botánicos llaman *penicillium*. Desprenden unas diminutas esporas que son más o menos del tamaño de los glóbulos de la sangre y que son a veces trasladadas por el viento; al depositarse crecen y forman colonias más o menos numerosas.

Aquel verano de 1928, resultó fresco y húmedo en la verde Inglaterra, y esta circunstancia, también propicia, facilitó el desarrollo de tales esporas. Pero veamos cómo el mismo Fleming explica aquel casual descubrimiento:

—En septiembre de 1928, me encontraba trabajando sobre la variación de la colonia estafilocócica, como consecuencia de la publicación de un estudio del profesor Bigger, quien había demostrado que podían producirse colonias de un aspecto sumamente diferente, partiendo de un cultivo puro de estafilococos ordinarios. Al examinar una de las placas de cultivo, observé que se había formado una colonia de hongos en uno de los bordes de la caja. Dicha contaminación no era inesperada en las circunstancias en que yo trabajaba, pero lo extraordinario era que, precisamente en esta placa de cultivo, las colonias estafilocócicas, que se hallaban a una distancia importante alrededor de los hongos, se hallaban sufriendo lisis. La que había sido en su origen una colonia estafilocócica bien desarrollada era ahora una sombra de su primitivo ser.

Este fue el hecho escueto, y así lo escribió el propio Fleming.

Pero diremos, una vez más, que el poder investigador de su mente fue capaz de mirar y ver, por consignarlo, de una forma sencilla. Mirar y ver algo que resultaba para él curioso y muy digno de someter a investigación.

¡Y por eso se dio el maravilloso descubrimiento!

Lo cierto fue que su entusiasmo por las variaciones de las colonias no le impidió considerar atentamente el hecho de la inhibición bacteriana que le ofrecía aquella placa de cultivo. Y, en lugar de tirarlo, se puso fervientemente a trabajar.

Fleming trasladó unas cuantas de estas esporas a una caja con gelosa y allí las dejó germinar durante unos cuantos días a la normal temperatura de la habitación. Al poco tiempo, había obtenido una zona de moho igual al moho inicial, por haberse multiplicado en un ambiente favorable para ello. Hecho esto, puso en contacto con aquel moho ciertos microbios, observando que, mientras algunos de ellos sobrevivían, resistiendo la vecindad del moho, otros eran detenidos por él a una distancia considerable, por mostrarse los microbios refractarios a un contacto que los eliminaba.

Siempre meticuloso en su trabajo, Fleming obtuvo fotografías de este comportamiento de los microbios, y justo será señalar aquí que, hasta 1943, toda la penicilina empleada clínicamente fue producida por cultivos descendientes del moho original que fue observado por Fleming.

Por desgracia, a la ciencia no le fue posible conservar este respetable antecesor, pero sí conservar aquellas oportunas fotografías de las placas originales que sacó su inventor, gracias a su sentido oportuno de la observación.

Y observadas tales fotografías podemos ver lo siguiente: cerca del borde de la placa se ve una mancha blanca; ese es el hongo invasor. A su alrededor puede verse una amplia zona con un moteado de pequeños y difuminados puntos: es la zona de la muerte, con misérrimas colonias microbianas agostadas por el mortal veneno que exhalaba el hongo. Y en la parte opuesta a esta, donde no alcanzó a difundirse el veneno, aparecen las colonias de estafilococos, brillantes y lozanas...

Pacientemente, Fleming continuó con sus pruebas e investigaciones, hasta que al fin pudo saltar de gozo al observar que el terrible estreptococo, el estafilococo, el bacilo de la difteria y hasta incluso el del ántrax resultaban visiblemente afectados hasta ser destruidos.

Aunque el bacilo del tifus no lo era.

Siguió con estos experimentos tan curiosos como sugestivos y pudo observar que el líquido del nuevo cultivo tenía una acción antibacteriana tan acusada que podía ser diluido de 500 a 800 veces y aún manifestaba plena capacidad para inhibir el crecimiento de los estafilococos.

No cabía ninguna duda que la sustancia producida por el hongo era notable, y, como el hongo correspondía al género *penicillium*, tampoco dudó Fleming en bautizar dicha sustancia con este nombre, aunque aún desconociera su real constitución química.

Ocho meses con estos cultivos, con estas pruebas y con este cuidadoso estudio, le llevaron a plantearse la cuestión más importante para él:

—Ahora debo identificar el moho y averiguar si resulta peligroso inyectarlo en un hombre atacado de cualquiera de las enfermedades que los microbios producen.

En sus dudas, Fleming decidió mostrar su hongo a La Touche, un especialista en tales cuestiones y con el que llegó a identificar la misteriosa sustancia, viendo ambos que se trataba de un *penicillium rubrum*. Posteriores experimentos les convencieron de su eficaz acción bactericida, confirmándoles la creencia de que se encontraban ante un ser vivo rudimentario que tenía la virtud de producir una sustancia que mataba a otros seres vivos: ¡los microbios!

Fleming reflexionó diciendo:

—Si la coexistencia pacífica de ambas especies es de todo punto imposible, esto quiere decir que allí donde el hombre haya sido atacado por el estreptococo, el estafilococo y otros microbios o bacilos, mi *penicillium* puede destruirlos...

Se animó por todas estas comprobaciones llevadas con infinita paciencia y esfuerzo, decidiendo dar la primera noticia al mundo de la ciencia en julio del año 1929, al publicar en el *British Journal of Experimental Pathology*, un trabajo que tituló: «Sobre la acción antibacteriana de los cultivos de un penicillium con referencia especial a su empleo en el aislamiento de B. influenzae».

Sin embargo, aún tendrían que pasar muchos años de continuados esfuerzos y no pocos experimentos, antes que la humanidad recibiera el gran beneficio que en aquel viejo laboratorio sir Alexander había descubierto en 1928.

Hablando de años, diremos que, allá en el 1673, Van Leewenhoeck, nacido en Holanda en la región de Dellt, fue el primer hombre que empezó a ver en su rudimentario microscopio «pequeños animales» que entonces ni se les conocía como microbios.

Pero, aunque lo ignorase el propio investigador holandés, la Bacteriología había empezado con él.

No obstante, hasta los días de Luis Pasteur se adelantó muy poco, ya que fue bien mediado el siglo XIX cuando este sabio pudo fundar la moderna Bacteriología, trazando el camino al inglés ya citado Almroth Wright, que a su vez empezó con su vacunaterapia.

El alemán Ehrlich, que descubrió la arsfenamina después de efectuar 606 ensayos frustrados, dio un paso más, y puede decirse que fundó lo que él mismo llamó muy acertadamente la quimioterapia. Pero los gérmenes seguían azotando a la humanidad y se mostraban descaradamente inmunes a todo tratamiento. Los productos químicos que se utilizaban resultaban, a la larga, más nocivos para el cuerpo humano que para los mismos microbios que se pretendía combatir.

Fleming descubrió en 1922 la lisozima, y ya en 1928, como hemos dicho, la penicilina; ambas cosas son antibióticos, o, lo que es lo mismo, sustancias producidas por seres vivos que tienen la maravillosa propiedad de atacar y destruir los microorganismos.

¡Y esto sí fue un paso de gigante!

Solo que el reto puesto ante el hombre resultaba enormemente difícil de sostener. Lo prueba el hecho que los doctores Raistrick, Clutterbuck y Lowell, todos de la Universidad de Londres, en vano estuvieron esforzándose durante años en aislar la «sustancia antibacteriana de Fleming», con el fin de poder utilizarla como un medicamento práctico y clínico para el hombre.

Los esfuerzos resultaban trabajosos e inútiles, porque la penicilina se alteraba con facilidad y perdía todo su gran poder curativo. Estos constantes fracasos llevaron a la desilusión, y cuando, ya en 1932, los tres investigadores citados publicaron el resultado de sus experimentos, lo único que consiguieron fue la indiferencia general.

—La penicilina de Fleming es poco estable y solo sirve para experimentos de laboratorio —declararon eminentes doctores y hombres de ciencia.

Lo malo era que, mientras Fleming se esforzaba sin desmayar en conseguir «su penicilina», otra guerra mucho más atroz que la pasada y que tantos amargos recuerdos había dejado en él se perfilaba en el brumoso horizonte de una Europa agitada por la belicosa marcha de Adolf Hitler en Alemania, amenazando con desgarrar al mundo.

Con su aguda observación de sabio, Fleming vio que en el nuevo conflicto bélico los heridos y los muertos se centuplicarían. Las armas habían aumentado por cien su poder destructivo; ya no llegarían de los frentes los soldados heridos por la metralla a miles…, ¡sino a cientos de miles!

¿Qué hacer?

Su vista aguda de investigador empezó a interesarse por aquel moho. Y es que empezó a observar que alrededor del moho se habían disuelto las colonias de estafilococos...

En su laboratorio, trabajando infatigablemente, los conejos, cobayas, ratas y otros animales de experimentación caían unos tras otros, en una mortandad que le crispaba los nervios. Quizá recordaba los tiempos de su niñez, cuando en su querida Escocia se esforzaba por cazar a los astutos conejos que ahora eran sometidos a sus ensayos.

—¡He de encontrar lo que busco! —exclamaba—. ¡He de encontrarlo!

—Ríndete, Fleming. ¡Será imposible! —decían.

—¡No! ¡No me rindo! Un escocés nunca lo hace… He de buscar la manera de que mi *penicillium* resulte inofensivo para los animales y para los hombres. Tengo un campo inmenso ante mí si doy con la sustancia que, sin destruir el poder de este extraño agente, pueda inyectarlo a todo aquel que sea atacado por una enfermedad infecciosa.

Tan obsesionado estaba que por estas fechas los amigos de Fleming recuerdan que, cuando se encontraban en alguna reunión o se reunía por algún motivo con alguien, deseoso de analizar todos los mohos que cayesen en sus manos, solía preguntar, sorprendiendo a la gente:

—¿Tienen ustedes zapatos enmohecidos? Si es así, me gustaría poseerlos. ¿Me los dan, amigos míos?

El escultor Jennings, del Chelsea Arts Club, recuerda esta anécdota graciosa que demuestra hasta qué punto aquel hombre de ciencia estaba constantemente preocupado por su trabajo de investigación.

Y poco avaro de su descubrimiento, con esa generosidad característica de los hombres de ciencia que no se preocupan del dinero ni de sus cuestiones personales, constantemente ponía en manos de posibles afortunados su invento enviando comunicados y escritos en los que solía decir:

> Un cierto tipo de *penicillium* produce, en cultivo, una fuerte sustancia antibacteriana. La penicilina, incluso en dosis grandes, no es tóxica ni irritante. Sugiero que puede ser un antiséptico muy eficaz para aplicaciones o inyecciones en zonas infectadas por microbios sensibles al comportamiento de ella.

Por desgracia para Fleming, en 1935, llegó el descubrimiento de las sulfamidas, a cargo del doctor Momagk, retrasando bastante el desarrollo práctico de la penicilina. El mundo creyó que se había descubierto una verdadera panacea, por lo que no prestó mucho paso a la paciente labor de aquel investigador escocés, que iba pidiendo zapatos enmohecidos por las casas de sus amigos.

Al respecto, cierto día que Fleming paseaba con su esposa y la de sir Alexander McColl, sacando una pequeña placa de ensayos del bolsillo de su abrigo, comentó mientras la mostraba:

—Las sulfamidas son pequeños triunfos, pasajeros. ¡De esta placa sí que saldrán cosas que interesarán y conmoverán al mundo entero!

A lo que la esposa del potente sir McColl contestó con burla despectiva:

—¡Calle, por favor, Fleming! Eso no es nada más que una placa sucia.

Placa sucia era, en efecto; pero en ella llevaba Fleming uno de sus famosos cultivos de hongos que, con el tiempo, diez años más tarde, revolucionarían todas las técnicas de la Medicina, al paso que abrían un ancho campo a la misma.

En el año 1939, teniendo cincuenta y tres, y tras haber ocupado la mayor parte de su vida en los duros trabajos de investigación, Fleming no daba la sensación de que, antes de jubilarse de su cargo de profesor de Bacteriología y director adjunto del Instituto Londinense, pudiera llegar a realizar ningún descubrimiento. Y, no obstante, aquel hombre llevaba en su interior la seguridad casi absoluta de que había emprendido el camino seguro que le conduciría al triunfo.

Firme, sereno, siempre serio y reconcentrado, en su interior se alimentaba con el sueño que ya veía hecho realidad. Por supuesto que también confiaba en el mundo para obtener alguna suma que le permitiese ampliar sus investigaciones en gran escala. Pero el mundo no se preocupaba más que por el conflicto bélico que se avecinaba, y, si a algo prestaba atención, eran a los inventos de la guerra.

Cuando estalló la guerra en septiembre de 1939 con la invasión de Polonia por las tropas hitlerianas, Fleming se encontraba en Nueva York y se apresuró a regresar a Londres precipitadamente; ante todo era un patriota, y a él, como a tantos otros, Inglaterra le podía necesitar.

¿Qué es lo único que puede ennoblecer una lucha? ¡Una causa noble!

FENELÓN

EL TRIUNFO

Mientras millones de hombres luchaban en los campos de la ensangrentada Europa, otra lucha más sorda y con mejores fines seguía teniendo lugar en el viejo y oscuro laboratorio del Saint Mary's.

Norteamérica aún no había entrado en la contienda, y fue el 25 de mayo de 1940 cuando llegó el momento crucial para Fleming. Esto ocurrió al entrar en escena dos investigadores de la Escuela de Patología de Oxford, llamados Howard W. Florey y E. B. Chain.

Sobre tres grupos de ratones infectados respectivamente de estafilococos, estreptococos y de *clostridium spticum*, los especialistas efectuaron experimentos, observando que, después de haber obtenido la penicilina preconizada por Fleming, los animalitos resistían impasibles las invasiones en sus cuerpos de los terribles microbios.

El mismo Howard W. Florey escribió más tarde:

Fue una suerte que cayera en mis manos un artículo de Fleming publicado en el *Journal of Experimental Pathology*, describiendo la penicilina y sus posibles efectos. Me interesé por todo aquello y más tarde encontré el artículo de Raistrock describiendo sus trabajos sobre esta sustancia. Pedí y obtuve mi cultivo de moho, y empecé a trabajar en el problema en el punto en que lo había dejado el profesor Raistrock. Durante algún

84

tiempo, Chain y yo dudamos sobre qué sustancia elegir. Teníamos varias, entre ellas el *penicillium notatum*; un día íbamos hacia casa discutiendo por dónde empezaríamos, cuando al pasar bajo un gran olmo a la entrada del parque, decidimos empezar por la penicilina.

Los dos empezaron a trabajar intensamente, arrastrando en su entusiasmo a todo el equipo de investigadores de la Universidad de Oxford. Llegaron a concentrar la penicilina convirtiéndola en sales, que ofrecía el aspecto de un polvo pardo.

Aquella penicilina, como medicamento de valor práctico, ya estaba en manos de Florey y Chain; pero los laboratorios de Oxford eran demasiado pequeños para producirla en las cantidades necesarias.

Fue cuando Howard W. Florey decidió trasladarse a Norteamérica para obtener la ayuda de la Fundación Rockefeller, al objeto de que costeara los gastos de las investigaciones y la producción en gran escala.

¡Por fin se había realizado el sueño dorado de Alexander Fleming!

Una vez más, Europa, el viejo continente, cuna de la civilización de Occidente, ponía el cerebro, y América el dinero, los medios materiales.

Realizados nuevos ensayos con diversos grupos de ratones también infectados de estafilococos, estreptococos y *clostridium spticum*, los animosos Florey y Chain obtuvieron los mismos excelentes resultados, y el primero exclamó:

—Si esto ocurre con todos los animales, es indudable que Fleming ha encontrado algo maravilloso. ¡Se lo comunicaremos rápidamente!

La guerra se avecinaba y Fleming regresó a Europa para servir a su país y a la humanidad. Debía haber una forma rápida de detener el avance de las infecciones.

En su casa de Londres, Fleming recibió la carta, y aquella fue una noche memorable para él. No cenó, no durmió casi, y al otro día corrió al laboratorio para mostrar aquellas líneas y decir a sus compañeros de trabajo:

—¡Lo tenemos! ¡Lo hemos conseguido!

El que volviese a emplear el plural no le restaba méritos. Al contrario, era un adorno más de su modestia, en su afán de hacer copartícipes a todos de años de una labor sorda y continuada que al fin encontraba el cauce debido.

Desde entonces, muchos hombres de ciencia empezaron a interesarse por algo que había sido descubierto muchos años antes. Mas, contra lo que es fácil suponer, la penicilina no fue realmente aplicada hasta dos años más tarde, en gran parte porque el mundo estaba sumido en una horrible guerra de ámbito internacional, y en parte porque los complejos que tenían que cuidarse de fabricar el mágico producto no se decidían a invertir las grandes sumas de dinero que ello implicaba.

Consideraban que el coste de fabricación implicaba un serio riesgo si es que la competencia encontraba la fórmula de producir la penicilina por un sistema mucho más barato. La lucha cambió de fase y Fleming se vio obligado a sostener ahora una batalla burocrática con el mundo del dinero y las finanzas. Todo esto le desesperaba al ver que otros entraban en consideraciones de tipo económico, cuando se trataba de ofrecer al mundo un remedio universal.

Como siempre ocurre, las situaciones llegan al límite cuando las indecisiones dilatan lo que ya se debió resolver. En agosto del año 1942, Fleming se vio obligado a efectuar, en circunstancias dramáticas, su primer experimento con la penicilina sobre un ser humano. Se trataba de un enfermo amigo suyo, hombre de unos cincuenta y dos años y jefe de la fábrica de óptica donde años atrás trabajó su hermano Robert, que ingresó en el Hospital de Saint Mary's con un diagnóstico que anunciaba meningitis, y no tenía salvación.

Era un caso de vida o muerte, y Fleming fue avisado por los demás médicos de la Institución. Acudió presuroso, como médico y como amigo, y sufrió la angustia de aquella vida que se escapaba.

La habitual serenidad del investigador escocés quedó turbada al oír al amigo rogarle desde su lecho:

—¡Sálvame, Alex, sálvame! Me han dicho que tú puedes hacerlo. ¡Yo no quiero morir, amigo mío! ¡Yo tengo confianza en ti, Alex! ¡Dios sabe que tengo confianza en ti!

Muchos años después, ya famoso, ya Premio Nobel y ya sir Alexander Fleming, el sobrio investigador recordaría aquellas patéticas escenas del amigo que extendía las angustiadas manos hacia él, como si de su contestación dependiera su vida. Por eso, procurando serenarse, le prometió:

—Haré todo lo que pueda por ti. ¡No te preocupes!

Tuvo que revisar los diagnósticos de sus colegas, comprobando por el examen del líquido cefalorraquídeo que no había una confirmación de la presencia del microbio esperado que producía aquella enfermedad. De ello dedujo que debía ser otra, y con toda su capacidad de observación se entregó a aclarar el caso, llegando así a descubrir en el nuevo examen que el paciente tenía el microbio mortal del estafilococo.

Dudó, pero al fin decidió:

—Suminístrenle fuertes dosis de sulfamidas. Es hasta ahora el medicamento más avanzado contra esas infecciones.

El ensayo de las sulfamidas no obtuvo ningún éxito, y Fleming comprendió que su entrañable amigo se moría. En su angustia e impotencia, Fleming no dejaba de pensar en su descubrimiento que tenía en la mesa de su laboratorio.

Una tímida prueba efectuada con los microbios extraídos del enfermo, le demostró, tal como él esperaba, que su penicilina actuaba eficazmente. Pero existía una dificultad más: Fleming era un bacteriólogo y no un químico, por lo que él solo no podía obtener la penicilina químicamente pura, capaz de ser directamente administrada a los enfermos. La única reserva de penicilina que existía en toda Inglaterra estaba en muy ínfima cantidad, en los laboratorios de Oxford, allí donde los doctores Howard W. Flory su colaborador Chain la habían obtenido para sus afortunados experimentos con las ratas.

Era preciso actuar con rapidez, y Fleming llamó por teléfono a Florey, explicándole el caso. Y él, que era el descubridor, se vio precisado a rogar:

—Por favor, doctor Florey. Si usted puede disponer de un poco de penicilina, me gustaría hacer una prueba. Se trata de un caso desesperado. ¡Es para un amigo mío!

Howard W. Florey comprendió toda la angustia de Fleming, y, con maravillosa simplicidad se limitó a decir para no alargar más su sufrimiento:

—Puede usted disponer de toda, Fleming. ¡Es suya, y así lo reconozco!

Mucho tiempo después, pasados los años y recordando este emotivo pasaje, sir Alexander Fleming escribió:

Me puse en contacto con Florey y él fue lo bastante bondadoso para darme toda la penicilina que tanto trabajo les había costado conseguir. Por la noche de aquel mismo día, empecé a ponerle al paciente inyecciones intramusculares hasta unas 15 000 unidades. Afortunadamente, para mi amigo y para mí, a las veinticuatro horas la mejoría era tan acusada que la temperatura descendió. Sin embargo, cuando nuevamente el líquido raquídeo del paciente fue examinado, se comprobó que hasta allí no había podido llegar la penicilina...

Fleming continuó informando:

Consulté nuevamente a Florey por teléfono sobre la posibilidad de inyectar penicilina en el canal vertebral. Me dijo que nunca lo había hecho con sus animalitos de ensayo, pero que, como el caso era desesperado y yo sabía que la penicilina era inofensiva para las células humanas, podía arriesgarme a hacerlo. Inyecté a mi amigo 5 000 unidades en punción lumbar. Unas horas más tarde, fue Florey quien me telefoneó diciéndome que había inyectado penicilina en el canal vertebral de un gato y el pobre animalito había muerto. Por unos instantes, tuve la sensación de que era un asesino y que mi amigo moriría... ¡Pero mi hombre no murió! La inyección no solo no le causó ningún daño, sino que le restableció rápidamente. El 28 de agosto se levantó, y el 9 de septiembre abandonó el hospital completamente curado y con lágrimas en los ojos al darme las gracias... ¡Yo me sentí profundamente emocionado!

En cierta ocasión, también comentando con unos periodistas este pasaje de su lucha, Fleming dijo:

—Sentí la satisfacción como si yo mismo hubiese vuelto a la vida. Y les digo que, por mucho aprecio que sienta hacia los honores que ahora me han concedido, considero todas las distinciones sin ningún valor comparado con aquello. Al lado de la esperanza de haber podido salvar una vida y ser el instrumento para reducir los sufrimientos humanos, nada hay que se pueda comparar...

¡Nobles palabras las suyas, dignas de un sabio!

Aquella curación milagrosa, en la que Fleming se jugaba el prestigio de su carrera, dio la medida de su humanidad y de su valor. Se lo jugaba todo: años de trabajos incesantes, días y noches de dura investigación, seguridad personal, presente y porvenir. Pero no dudó en ponerlo todo en la balanza para salvar al amigo y, sobre todo, para arrancar a la muerte una vida humana.

La prensa se hizo eco del suceso y, junto al nombre de Alexander Fleming, lanzaron a los cuatro vientos el nombre de la milagrosa penicilina. En el desbordado entusiasmo se afirmó que, si por el momento no era posible utilizar métodos sintéticos y más baratos, aquello no debía significar un obstáculo para que el Gobierno de Inglaterra no diera los primeros pasos para su consecución.

Tales afirmaciones, en un diario del prestigio del *Times*, casi venían a significar una orden. Al coro se añadieron otras publicaciones, aunque en la mayoría de los encendidos artículos se nombraba a la penicilina, olvidando el nombre de su inventor y el de los investigadores de Oxford que habían hecho posible obtener el producto en su estado puro.

El Gobierno británico se vio presionado desde varios sectores de la opinión pública y decidió crear una Comisión Investigadora para estudiar desde todos sus ángulos el caso.

Fleming había ganado otra batalla, aunque para ello tuyo que echar toda la carne en el asador.

De todo esto resultó que, días más tarde, concretamente el 25 de septiembre de 1942, sir Cecil Weir convocó para una conferencia, dada en Portland House, a Fleimng, Florey, Raistrick, Arthur Mortimer, así como a las grandes firmas industriales May & Bakett, Glaxo, Wellcome, British Drug House y Boots. Todos se pusieron de acuerdo en que debía producirse, rápida y abundantemente, la penicilina.

América también debía participar de los beneficios que de tal medida se derivaban, dado que no solo era una potencia amiga, sino también una aliada en la guerra que se estaba solventando por tales fechas en el Pacífico contra Japón.

Del acuerdo pronto se llegó a la práctica, y en 1943 se empezó a producir penicilina en cantidades relativamente importantes. Los primeros envíos fueron mandados a los ejércitos combatientes de los aliados, que vieron con la llegada de aquel producto abierta la puerta de la esperanza para muchas de sus dolencias. Tan eficaces y maravillosos resultados determinaron que los obreros de las industrias de guerra también se beneficiaran de tales envíos, encontrándose múltiples aplicaciones con las que cada día fue habituándose la Medicina.

Todo era cuestión de tiempo, de fabricación máxima y de extender el manto protector de la penicilina a las poblaciones civiles. Las dolencias de los hombres y mujeres que habían adquirido enfermedades infecciosas se vieron mitigadas en tal manera que muchos ingenuos volvieron a pensar que aquello era una especie de panacea.

Tanto fue así que los gobiernos se vieron obligados a vigilar atentamente el empleo del producto. Nada más correr la voz de que la penicilina cortaba de raíz muchas enfermedades infecciosas, todos desearon aplicarse unas unidades del milagroso producto, incluso para un simple dolor de muelas o para calmar el insomnio. Y Fleming, con su natural cachaza, dijo:

—Terminarán por abusar tanto de ella que me obligarán a descubrir otro producto que les cure de los estragos de la penicilina.

Otro peligro fue que empezaron a salir al mercado productos farmacéuticos en forma de pomadas y más pomadas de penicilina, lociones para los ojos, pastillas, cremas, jabones, productos de tocador, polvos y otros mil artículos más, todos ellos asegurando al ingenuo consumidor que contenían la milagrosa penicilina.

Fleming también comentó todo esto al decir:

—No me extrañaría que lanzaran al mercado un lápiz de labios con penicilina.

A lo que Arthur Mortimer, uno de sus mejores amigos, replicó:

—¡Es muy posible! La publicidad de tal carmín no resultaría muy difícil. Diría seguramente así: «Bese como quiera y donde quiera y hasta a quien quiera. Usted se librará de cualquier enojoso contratiempo (excepto el matrimonio) si utiliza nuestro lápiz de labios rojo con penicilina».

Rio de buena gana el sabio investigador escocés, olvidando por una vez su seriedad. Pero no tardó en volver a enfrascarse en sus experimentos, interrumpidos desde entonces cada día con más frecuencia, debido a los muchos compromisos que su fama empezaba a obligarle a aceptar.

A pesar de todo, Fleming quería seguir siendo un bacteriólogo con tiempo suficiente para dedicarse a su trabajo. Pero su vieja tranquilidad se había terminado para siempre: los periodistas no le dejaban en paz y una marca cada vez más alta de cartas, llamadas telefónicas, citas, conferencias y banquetes empezaron a envolver al humilde sabio, que no acertaba a negarse a todo aquello.

Era un martirio para él, ya que nunca había sentido una marcada inclinación ni por las excesivas amistades, ni por las excesivas palabras. Y ahora... ¡se veía obligado a conocer a tanta gente y a hablar tanto!

—¡Señor! ¿Cómo voy a poder librarme de esto? —se desahogaba ante su esposa y sus amigos más íntimos.

—Podemos ir durante una temporada al campo —propuso su esposa.

—¡No puedo! Tengo que seguir investigando. Y además... ¡allí tampoco me dejarían en paz!

Ansioso de quitar importancia a lo que había hecho, a cierto periodista que le atosigaba una y otra vez le dijo:

—Debemos la resurrección de la penicilina como quimioterapia a los brillantes trabajos de Howard W. Florey y sus colegas de Oxford. Le digo que el éxito se debe a los trabajadores de Oxford, que realizaron una gran labor de equipo. Vaya usted por lo tanto allí y le informarán de todo lo que desee.

Fleming sentía aquel acoso, aunque en el fondo no dejaba de divertirle también a su manera. Una y otra vez insistía en la contribución que tanto el doctor Florey como el doctor Chain habían tenido en todo aquello.

Pero la prensa, la radio y la televisión, los mismos que años atrás no le habían hecho caso, centraban la atención en él, nombrándole «único responsable».

—Ha formado usted un tremendo ruido con su penicilina y es usted noticia, señor Fleming —era la contestación invariable que recibía—. ¡No se puede negar a que la gente lo conozca!

—¡No me niego, caray! Pero dígame para qué diablos quieren saber que es lo que como, a qué hora me acuesto o me levanto... ¡Y de qué color llevo los calcetines!

—¡Es la popularidad!

—Es la... —se contenía.

Podía haber dicho que aquella publicidad daba de comer a los mismos que la hacían y fomentaban, pero tampoco tenía ningún derecho a meterse con los periodistas y los que le acosaban.

Sus amigos del Instituto y del laboratorio del Hospital de Saint Mary's, a la cabeza de los cuales estaba el ya ochentón sir Almroth Wright, festejaron al amigo y colaborador Fleming, ofreciéndole una gran bandeja de plata, magnífica obra de un orfebre del siglo XVIII.

Emocionado, Fleming aceptó aquella prueba de afecto y amistad, teniendo que escuchar el discurso de Handfield Jones, uno de los mejores cirujanos de Inglaterra, que empezó diciendo:

—No existe ningún miembro de esta comunidad médica a quien esta aprecie más que al profesor Fleming, para nosotros simplemente y como siempre «el pequeño Alex». Nos complacemos en poder contarle entre nosotros, y hoy nos honramos dándole esta merecida muestra de amistad, respeto y cariño.

Fleming perdió su calma habitual y tuvo que esperar a que su voz no le traicionara por la emoción. Cuando lo consiguió, sus bellos ojos azules brillantes por las lágrimas, acertó a decir:

—Ya he tenido en mi vida algunos pequeños éxitos que me han procurado gozo. Pero puedo honradamente decir que es este el momento más grande de mi vida, puesto que ustedes, mis maestros, mis colaboradores, mis amigos, se han reunido aquí para honrarme.

Tuvo que interrumpir su discurso y recopilar las ideas. Alexander Fleming nunca había sido un gran orador ni un hombre de mundo. Él solo sabía hablar con elocuencia a la naturaleza: a los árboles, a las flores, a los verdes prados de su querida Escocia, a los ríos y a los animales.

Pero a los hombres...

Era capaz de trabajar duramente por ello y para ellos durante años y años en una sorda labor de laboratorio. Era capaz de quemar sus pestañas y su vida. Pero plantarse ante las multitudes y hablar...

Y, sin embargo, presintió que desde entonces forzosamente tendría que acostumbrarse. Por eso aquel día hizo un esfuerzo y, con su natural gracejo de hombre tímido, continuó:

—Yo podría decirles muchas cosas sobre los estafilococos, las espiroquetas, los microbios e incluso sobre la misma penicilina. Pero compréndanme, amigos míos. ¡La situación se vuelve muy distinta cuando yo soy el tema de la conversación! ¡No sé soltar discursos!

Ningún mejor final podía haber tenido aquel primero que soltó. En él hizo constancia de que él, Alexander Fleming, hombre para quien el mundo se tornaría pequeño por los múltiples viajes que tendría que efectuar ascendiendo los gloriosos escalones de la fama, continuaba ante ellos siendo el hombre sencillo, franco y sincero, que confesaba abiertamente sentir un terrible pudor al tener que hablar de él mismo.

Pero, por más esfuerzos que hizo, todo el mundo empezó a interesarse por aquel personaje original y modesto. La historia misma de la penicilina poseía en sí un lado romántico. Era un descubrimiento puesto en práctica en plena contienda bélica, cuando diariamente miles de hombres morían acribillados por las balas y la metralla y otros miles caían heridos viendo desgarradas sus carnes. A los últimos, la penicilina los podía salvar, evitando las infecciones. Los ejércitos aliados tenían la poderosa ayuda de un producto que diariamente salvaba la vida de miles de soldados: nuevos combatientes que no tardarían en poder entrar en liza para ganar batallas.

Muy pronto, los informes médicos recibidos de estos ejércitos rebasaban toda esperanza. Los resultados eran óptimos. Y todo por unos insignificantes hongos que, diestramente manipulados por la ciencia de un hombre, obraban el milagro.

Los japoneses podían ganar alguna que otra batalla en el Pacífico, pero otros enemigos, no menos mortales, tenían que retirarse ante la penicilina. Los microbios estaban recibiendo la mayor derrota jamás conocida desde que el hombre había percibido su existencia.

La muerte se replegaba cobardemente ante los efectos de la penicilina.

Todo ayudaba a formar una bella leyenda, en la que, sin embargo, todo era absolutamente cierto.

Posiblemente, la leyenda hubiera tenido su lado triste y gris si se hubiera escrito que, como su inventor, todos los actuales entusiastas hubieran tenido que pasar más de cuarenta años inclinados sobre sus pequeños microscopios, allá, en una de las frías y destartaladas habitaciones del viejo laboratorio del Hospital de Saint Mary's.

Pero, cuando a Fleming alguien le habló de esto, con prontitud rechazó su noble corazón:

—¡No! Es mejor que la gente ignore eso. Yo he descubierto la penicilina para mitigar el sufrimiento de la gente. Si conocieran día por día todos los sudores y sacrificios que me ha costado, se empañaría su alegría.

Y yo, amigos míos... ¡Yo deseo que el mundo no sufra!

¡Que el mundo ría! ¡Que jamás llore! ¡Que sea feliz!

En muchas empresas, para alcanzar la glo-
ria, no importa vencer. ¡Basta combatir!

De la Bruyere

EL ÉXITO

Hace ya varios siglos, desde 1660, existe en Londres una anti-
quísima sociedad constituida en Oxford, donde en tiempos
pasados se reunían los antiguos filósofos y hombres de ciencia,
entre los que con el correr de los años y los siglos ha conta-
do con miembros tan famosos e ilustres de la talla de Isaac
Newton y otros hombres de su misma categoría intelectual.

El mismo Newton fue presidente de esta sociedad
desde 1703 hasta 1727...

Esta se denomina The Royal Society y solo hombres de ciencia, reconocidos mundialmente, forman parte
de ella. El sabio bacteriólogo sir Almroth Wright, maestro
de Fleming en el laboratorio del Hospital de Saint Mary's,
tenía el privilegio de ser uno de sus escasos miembros.

Y a propuesta de él y en vista de los suficientes méritos, Alexander Fleming fue elegido miembro de honor,
cuando ser admitido en el seno de tal agrupación de hombres insignes significaba, y significará aún, durante siglos,
el mayor honor que puede recibir en vida un hombre.

Siendo así, a cualquier otro mortal que no hubiera
sido el sobrio y sensato investigador escocés, tal privilegio
seguramente le habría envanecido durante el resto de sus
días. Pero, para un hombre de la categoría moral e intelectual
de Fleming, aquello no significó nada más que la natural
satisfacción de poder reunirse periódicamente con hombres
de la mayor valía en las más altas disciplinas del mundo.

Este es el momento más grande de mi vida, puesto que Uds., mis maestros, mis colaboradores y mis amigos, os habéis reunido aquí para honrarme.

Y es que Fleming sabía que las pompas humanas, si bien son agradables y tienen sus atractivos coloridos con su lado bueno, en realidad pueden torcer el camino de un hombre trabajador que debe continuar su labor.

Y él consideraba sagrada su labor desde el primer día que pisó las viejas baldosas de aquel destartalado laboratorio en donde había pasado más de la mitad de su vida. Una existencia dedicada a la investigación para el bien de la ciencia y la humanidad doliente.

Así, pues, allí volvió a refugiarse una vez pasaron los primeros oropeles y la natural algarabía que se formó con el anuncio de sus primeros éxitos resonantes, que despertaban eco por todo el mundo. Atrás quedaron los festejos, los obligados banquetes, los forzados discursos, los rendidos homenajes, las conferencias de prensa, las entrevistas por la radio y la televisión y los efusivos apretones de manos de muchos hombres que, al saludarle, al desear aparecer junto a él, solo ansiaban hacerse ver para que la gente se fijase un poquito en ellos...

Entre aquellas cuatro paredes, se encontraba tranquilo y sosegado, volviendo a disfrutar la quietud e identificado con todo lo que había en aquel cuarto y ambiente. ¡Que no en vano había pasado allí prácticamente cuarenta y dos años!

Fleming sonreía bonachonamente ante todo aquello, no solamente saludando a las personas, los viejos amigos y los fieles colaboradores, sino también a los objetos y a los muebles que nunca habían sido renovados.

Aquel era su mundo y en él quería seguir mientras le quedasen energías para manipular los aparatos de experimentación y ensayo.

Pero en el verano de 1944, cuando Hitler se mostraba furioso como un león al que le han recortado las melenas, Londres estaba convirtiéndose en un infierno y era duramente castigado. Ya no bastaba la aviación de Goering y los V-1 y V-2, las terribles bombas machacaban la capital británica con sus dentelladas que derribaban las casas y manzanas enteras, sepultando entre sus humeantes escombros a las pobres criaturas humanas cuyo único delito era ser ingleses y vivir allí.

Lanzados desde las costas del cercano continente, aquellos mortíferos artefactos cortaban el aire con un jadeo terrorífico que anunciaba la destrucción y la muerte. Pues el hombre, loco de atar en muchos casos, también sabía emplear su sabiduría e ingenio para masacrar a sus semejantes.

Unos dedicaban todo su esfuerzo y existencia en mitigar las enfermedades y el dolor de sus hermanos de raza; otros vendían su alma al diablo al dedicar todo su afán a lo contrario...

Cuando sonaba la señal de alarma, uno de los ayudantes del laboratorio estaba encargado de subir al tejado para seguir, con la ayuda de los prismáticos, la posible dirección de los llamados *doodle bugs*. Con un silbato anunciaba el vigilante, por medio de señales previamente convenidas, la clase de peligro que se avecinaba. Era aquella una tarea ingrata y arriesgada, pero que debía hacerse en honor de la seguridad del resto del personal.

Pues bien, el honorable Alexander Fleming, ya convertido de la noche a la mañana en uno de los hombres más célebres de la historia, próximamente nombrado sir del noble Reino Unido a propuesta de la reina, miembro de honor de la Royal Society y doctor de muchas

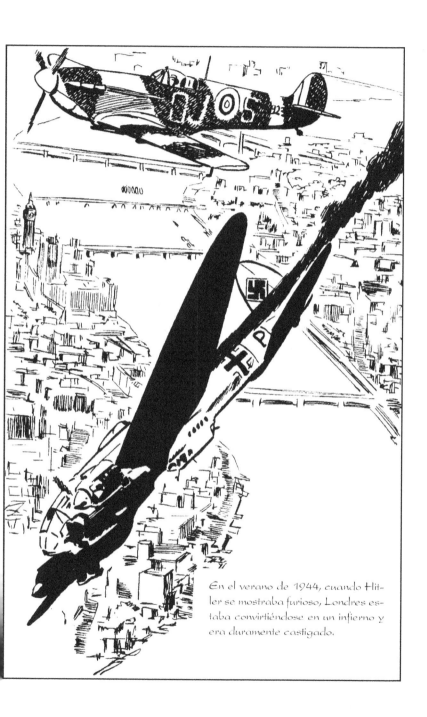

En el verano de 1944, cuando Hitler se mostraba furioso, Londres estaba convirtiéndose en un infierno y era duramente castigado.

universidades por su fabuloso descubrimiento de la penicilina, a la edad de 63 años, trepaba como un niño travieso hasta aquel tejado del hospital y se ponía a observar con los prismáticos la trayectoria de aquellos monstruos de acero que en su furia vomitaban las rampas alemanas.

Lo hacía cuando le tocaba el turno, pese a que muchos de sus compañeros le aconsejaban:

—¡No debe usted hacer eso! ¡Usted sabe que es una persona importante y que resultaría imposible reemplazarlo!

Pero Fleming, siempre con su flema escocesa y su natural laconismo, respondía:

—No se preocupe, Claydon. Si los jefes le riñen a usted por encontrarme encaramado aquí, les dice que he subido a ver si descubro otro hongo importante.

Sencillo en todas sus cosas, pese a que su posición podía eximirle de muchas de sus obligaciones anteriores, seguía aquel hombre cuidando de sí mismo, y con sus propias manos manipulaba el material de su laboratorio. Allí se amontonaban las cajas con los animales de ensayo, los tubos, vidrios, mecheros y, ahora, un formidable montón de cartas llegadas desde los rincones más apartados del planeta, enviadas por familiares o enfermos agradecidos que ya habían dejado de padecer su dolencia gracias a la penicilina.

De vez en cuando se inclinaba y tomaba al azar una de aquellas cartas. Si era de alguna entidad oficial solicitándole alguna conferencia y el honor de invitarle a algún banquete, al instante la tiraba. Pero, si la firmaba una madre agradecida que con su corazón abierto olvidaba la ortografía, Fleming terminaba de leerla y se quedaba complacido, mirando la firma como si deseara llegar también con su corazón hasta aquel ser que había dejado de sufrir gracias a su esfuerzo.

No siempre era así y, a veces, para las más peregrinas enfermedades le pedían consejo, diciéndole si la penicilina también valía para tal o cual mal. Entonces se irritaba y solía protestar:

—¡Yo nunca he afirmado que la penicilina lo pueda curar todo! Los que han dicho eso son ciertos periódicos mal informados y sensacionalistas. Son los jefes de redacción de esos periódicos los que deberían contestar a estas absurdas cartas. ¡Mira que preguntarme si la penicilina sirve para abrir el apetito o detener la vejez!

Sus más próximos colaboradores sonreían al verlo así indignado, porque su presencia no se dejaba sentir como jefe, sino como la de un compañero más. Ilustres visitantes extranjeros llegaban para estrechar su mano y felicitarlo, quedando extrañados cuando lo veían cargar con algún pesado recipiente o encender el fuego del horno. Y muchas veces sus exclamaciones le divertían al oírlos decir:

—¿Cómo...? ¿Usted es el famoso Fleming?

—¿Pues a quién esperaba usted encontrar? —preguntaba a su vez, socarronamente—. No creo que para pensar bien y ser un investigador haga falta poseer un distintivo de tales cualidades. ¡Eso queda para los boxeadores y los artistas de cine, amigos míos! Y, ahora, ¿quieren que nos pongamos a hablar de «nuestros microbios»?

Se ponían a hablar de los microbios y las bacterias y entonces tenían que reconocer que ciertamente estaban ante un gran sabio y un profundo conocedor de la materia. Sus conclusiones eran precisas y deslumbrantes, como fruto de una laboriosa investigación y un trabajo constante, que nada dejaba al azar ni nada olvidaba.

Otra anécdota que ilustra sobre el carácter de este hombre es la siguiente: cierto joven médico militar norteamericano tuvo por vecino a Fleming mientras presenciaban un partido de rugby. El joven americano, por más que le miraba, no conseguía recordar la cara de aquel caballero inglés que parecía seguir tan atentamente el desarrollo del partido; de vez en cuando se empeñaba en explicarle las reglas del juego y lo hacía con un profundo conocimiento del rugby. El médico recordaba haber visto muchas veces aquel rostro, pero no era capaz de fijar el sitio. Al regresar a Londres, entre las ruinas de la ciudad mordida por los estragos de la guerra, pensó nuevamente en el compañero de asiento que le había tocado, reflexionando sobre aquel «viejo» que, en tales momentos de colectiva angustia, tanto interés había puesto en el desarrollo del partido.

Al fin, intrigado, decidió preguntar a otro compañero militar que le acompañaba:

—Oye, Dave, tú que tienes mejor memoria, ¿sabes quién era mi vecino de asiento?

—¿Cómo? ¿No lo sabes? ¡Era Fleming! ¡El famoso doctor Fleming!

Para el joven médico militar norteamericano, que había visto curar muchas infecciones en el frente gracias a la penicilina, la contestación de su amigo fue como si al abrir una puerta apareciera en ella una figura gigantesca y legendaria, casi mítica.

—Seguí pensando —explicó más tarde a otro amigo suyo— durante mucho tiempo en aquel cordial y amistoso profesor, pero de una manera muy distinta a como lo había hecho hasta entonces sobre él. Lo vi pasando entre la multitud inadvertido, cordial, sonriente, humano.

Fue así como encontré y conocí al hombre que, por el bien que ha hecho a toda la humanidad, será colocado el más alto en el juicio del cielo. En la hora más amarga de su lucha, yo vi a los ingleses jugar al rugby, representados en aquel «viejo»; y, por su sencillez y su cordialidad, sentí el contacto de su grandeza...

Otra clase de grandeza le fue otorgada a Alexander Fleming antes de que terminase la guerra, en el mes de julio de 1944, en los sótanos del Buckingham Palace, al ser nombrado «sir». Desde aquel día, sir Alexander Fleming sería otro nuevo *knight bachelor* más. Y, si la ceremonia regia tuvo que celebrarse en el subterráneo del palacio real por razones de seguridad, no decepcionó a nadie y, mucho menos, a su satisfecha esposa, que desde aquel instante pasó a ser «lady Fleming» con todas sus prerrogativas.

Al regresar a su hogar, sir Fleming colgó todos sus «arreos», como él los llamaba, volviendo a ponerse su sencillo traje de todos los días. Era tarde y la ceremonia le había cansado; pero encontró humor para saludar a su esposa diciéndole con gentil ceremonia versallesca:

—Buenas noches, lady Fleming. ¡Deseo que su grandeza no le quite el sueño!

—Sé que a ti no te importan estas cosas, Alex, pero a mí sí. ¡Las mujeres somos distintas!

Fleming durmió como siempre: sosegado y tranquilo, quizá pensando que dentro de pocas horas le esperaba su laboratorio y su trabajo...

En 1945, durante los meses de junio, julio y agosto, Fleming fue el invitado de honor del Gobierno norteamericano, realizando una extensa gira por los Estados Unidos.

Estrechó la mano del presidente y la de todos los altos dignatarios de la poderosa nación. Conoció a los famosos multimillonarios, a los «reyes» del petróleo, del acero, del plástico, de los ferrocarriles, de los automóviles, y también a los hombres de ciencia más prestigiosos del país. Visitó fábricas de penicilina, observando la gigantesca producción y sintiendo la interior satisfacción al calcular que su alto costo inicial descendería, con lo que mucha gente podría utilizar el producto para calmar sus dolencias.

Colegios, universidades, institutos y centros docentes le recibieron, llenándole de honores y títulos, que fue guardando en sus maletas junto a las condecoraciones y medallas. Aquel era un país que todo lo hacía a lo grande, y las conferencias por radio y televisión se multiplicaban, absorbiéndole todo el tiempo. Las revistas publicaban en las portadas su fotografía enfocada desde mil ángulos, y durante aquellos meses tuvo la vaga sensación que el rostro suyo estaba en todas partes:

—Me siento un poco un artista afortunado de Hollywood —manifestó.

En verdad que en muchas ruedas de prensa su natural timidez se vio violentada. Aquellos periodistas yanquis estaban llenos de un descarado desparpajo y le preguntaban las cosas más peregrinas. En cierta ocasión, estando en Brooklyn, el famoso John Smith, dueño absoluto de Pfizer and Co., que era por aquellas fechas el mayor productor y el más poderoso fabricante de penicilina del mundo, le preguntó inesperadamente:

—¿Por qué no se las arregló usted para cobrar derechos sobre su invento, como le corresponde al hombre que tal servicio viene prestando a la humanidad?

Fleming quedó algo perplejo, pero, reponiéndose al punto, le miró fijamente al responder:

—Jamás pensé en tal cosa, señor.

Pero al instante, clavando en el poderoso industrial sus ojos azules y deseando guardar las distancias, añadió:

—Quizá por no ser un «comerciante» como usted, señor...

En una universidad, uno de los profesores también le preguntó:

—¿Por qué no continuó usted el trabajo purificando la penicilina?

—¿Y usted por qué no lo hizo? —replicó Fleming—. Todos los datos de mi descubrimiento sobre la penicilina podían encontrarse en las revistas especializadas. ¿O es que no las lee usted?

Pero donde batió su propia marca en cuanto a contestaciones oportunas, fue en Nueva York, donde los periodistas, tras estar esperándole sentados en las escaleras del hotel, tras sacarle una placa fotográfica, le preguntaron apremiantes:

—¿En qué piensa usted en este momento? Es muy importante para la prensa saber lo que piensa un sabio por la mañana, en el momento en que se dispone a desayunar.

Fleming estuvo cerca de enviar a pasear a los inoportunos; pero una vez más se contuvo, se esforzó por poner cara interesante y, tocándose reflexivamente la barbilla con ademán habitual de «sabio», les dijo:

—¡Fantástico! Es una coincidencia que ustedes me hagan esta pregunta precisamente en el momento en que estaba pensando en «algo muy particular»...

Vivamente interesados, cada vez más interesados, insistieron:

—¡Por favor! Dígalo ahora mismo. ¿En qué estaba pensando?

—Si tanto insisten... Me estaba preguntando a mí mismo si tomaría en el desayuno uno o dos huevos, señores...

Cuando le abrumaban mostrándole grandes complejos industriales y fantásticos laboratorios, Fleming se aburría. En Detroit, la metrópoli de la producción en masa, se atrevió a declarar:

—Ustedes, los americanos, hablan mucho de «labor de equipo» y de fantásticos laboratorios. Yo les digo que, si para mi desgracia hubiera pertenecido a alguno de ellos..., ¡no habría descubierto la penicilina!

Pero no todas sus intervenciones en Norteamérica, tanto en aquella vez como en otras en que se vio precisado a ir a los Estados Unidos, tuvieron tal cariz. Por ejemplo, las grandes firmas americanas de productos químicos reunieron durante su estancia cien mil dólares, que le ofrecieron en testimonio de su agradecimiento.

Y entonces, aquel pequeño gran hombre, zumbón y que era capaz de contestar a los inoportunos con sus ironías, emocionado visiblemente contestó al gentil y generoso ofrecimiento diciendo:

—Gracias, caballeros, pero no puedo aceptar. Siento por ustedes tanto respeto y admiración como si en verdad me hubiesen dado esa fabulosa suma de dinero. ¡No olviden que yo soy escocés y siempre se ha dicho que somos muy avaros! Pero me sentiría más feliz si dedicasen esos cien mil dólares a cualquier investigación científica. Yo, por propia experiencia, sé y me consta que hace mucha falta...

El dinero fue donado al servicio de Patología del Hospital de Saint Mary's, donde otros muchos jóvenes, como

En 1945, Fleming fue invitado de honor del Gobierno norteamericano, realizando una gira triunfal por los Estados Unidos.

en su día fue sir Fleming, encontrarían mayores y mejores medios para dedicarse a sus tareas de investigación.

Desde estas fechas, Fleming se tuvo que convertir en un perpetuo viajero que recibía por todo el mundo el testimonio de una gratitud unánime, manifestada en todas las capas sociales. Y fue en Francia donde, por su peculiar forma de ser, también tuvo lugar otra anécdota digna de ser consignada.

Cuando estaba al pie de la escalerilla del avión procedente de Londres, vio que le esperaban los profesores Pasteur Vellery-Badot, Jacques Trefoüel, director del Instituto Pasteur, Pierre Lépine y otras muchas personalidades con una verdadera nube de fotógrafos y periodistas. Al descender, Fleming no entendía muy bien el francés y fue abordado por uno de los periodistas:

El escocés entendió en un principio la pregunta, en el sentido de que si el señor de solemnes barbas tupidas que viajaba con él en el avión era el afamado científico. Creyendo de buena fe lo que le preguntaban, hizo un signo afirmativo con la cabeza.

Bastó aquello para que la nube de periodistas, despistados inconscientemente por el mismo Fleming, se lanzaran como fieras sobre el desprevenido viajero de crecidas barbas, que en un instante fue fotografiado desde todos los ángulos. Cuando se deshizo el malentendido, los periodistas se sintieron burlados; pero Fleming terminó por aclarar:

—Es natural que se hayan confundido, impresionados por las barbas de ese caballero. Después de todo, con ese hermoso aditamento capilar bajo la barbilla, admitan que tiene más apariencia de sabio que yo. ¿No les parece?

Convertido durante muchos meses en el legítimo embajador de la ciencia inglesa, fue recibido con los máximos honores en Dinamarca, Italia, Noruega y Suecia, donde en 1945 recibió de manos del monarca el Premio Nobel de Medicina, en la nueva primera serie de este honroso galardón que se concedía después de la guerra desde 1939, en que habían quedado sus concesiones suspendidas. Anteriormente, había recibido en París la Legión de Honor de manos del general De Gaulle, siendo en Noruega donde dijo:

—Dondequiera que voy, la gente me da las gracias por haberles salvado la vida. No comprendo por qué lo hacen. La naturaleza hizo la penicilina. ¡Yo solo la encontré por casualidad!

Al regresar a Inglaterra fue nombrado «ciudadano de honor» en Darvel, su querido pueblo natal. Fue en Paddington donde inauguró el Fleming Court, un gran bloque de edificios que llevaría su nombre por mucho tiempo.

También fue nombrado «ciudadano de honor» de la ciudad italiana de Verona, mientras que la Universidad de Madrid, en su viaje que realizó por España, le invistió el grado de doctor honoris causa, imponiéndosele también la gran cruz de Alfonso X el Sabio.

En este viaje por España visitó la ciudad andaluza de Jerez de la Frontera, probando los famosos vinos de aquella tierra y brindando con una copa del noble Pedro Ximénez. Entre los festejos se le pidió que firmase en el libro de oro de la casa, y el insigne invitado escribió en inglés: «Esto es mejor que la penicilina».

Pero no podemos terminar estas semblanzas de Fleming sin aludir aquí el testimonio de una de las personas

Convertido en el auténtico embajador de la ciencia británica, fue recibido con los máximos honores en Dinamarca, Italia, Noruega y Suecia.

que más directamente le trataron y conocieron, como su secretaria, la señorita Helen Buckley, que nos da una magnífica pincelada de la verdadera personalidad del hombre al que nunca llorará bastante la humanidad.

Hablando de Alexander Fleming, la señorita Buckley dice así:

Todos sabemos hasta qué punto los hombres que trabajan en una misma profesión, en el mismo edificio, en las mismas oficinas o en un mismo cuarto de trabajo, pueden sentir envidia y combatirse unos a otros. No obstante, jamás vi en el profesor Fleming la más pequeña huella de rencor o envidia. Estas pasiones rondaban a su alrededor sin alcanzarlo. Él había nacido, indudablemente, con una naturaleza noble, más grande y mejor que la mayoría de los mortales. Todas las cosas mediocres, todos los minúsculos egoísmos, todas las mezquindades de pensamiento o de conducta, no formaban parte de la composición de su ser. ¡Esto lo afirmo categóricamente!

¿Qué más se puede añadir?

La señorita Helen Buckley conoció y trató a este hombre durante muchos años y fue su subordinada. Y hay que advertir que, cuando escribió esas líneas, no lo hizo de cara a la «galería» para prestigiar a su jefe de laboratorio: simple y sencillamente se trata del trozo de una carta que ella le escribió a una amiga y en la que, forzosamente, habló del maestro de maestros.

¡Hermoso retrato de un hombre!

¡Digna semblanza de todo un verdadero sabio! De un ser superior, digno de alcanzar la inmortalidad que su nombre goza...

No es morir el vivir en los corazones que deja-
mos atrás de nosotros.

CAMPBELL

EL FINAL

En 1946, ya terminada la guerra, Fleming recibió en su laboratorio la visita de la doctora Amalia Coutsouris-Voureka.
Venía desde Atenas, Grecia, su país natal, aprovechando
una beca que el consulado británico ofrecía a estudiantes
extranjeros.

Durante la guerra, al colaborar con la resistencia
de su país, fueron encarcelados ella y su esposo, del que
estaba separada desde hacía diez años. Por eso no tuvo
inconveniente en aceptar un puesto en el laboratorio
del doctor Fleming, demostrando allí que era una mujer
inteligente y capaz de identificarse con una noble tarea.

La misma lady Fleming fue íntima amiga de esta
singular mujer que, al correr de los años, ocuparía un lugar
privilegiado en el corazón de su marido cuando, viudo
ya en 1949, Fleming le pidió a su joven colaboradora
que se casara con él.

Y un 9 de abril del año 1953, a los 72 años, y después de haber llorado la muerte de su primera esposa
durante cuatro años, Amalia Coutsouris-Voureka aceptó su propuesta. Todos los amigos aprobaron esta boda
al saber que Amalia sentía por Fleming una admiración
sin límites, sabiéndole un hombre sabio, bueno, cariñoso,
taciturno, pero tierno, profundo y leal hasta la saciedad,
e intuyendo que la vida a su lado constituiría un verdadero paraíso para los dos.

Sarah había sido durante treinta y cuatro años una compañera excelente, que aparte de darle a su hijo Robert, que también estudió Medicina en el mismo hospital que su padre, había sabido llenar las horas íntimas de aquel hombre insigne de mirada de niño. Pero Fleming era un hombre de inagotable energía y, a la muerte de su esposa, creyó sentir su vida rota; por eso su segundo matrimonio fue acertado y la joven griega supo llenar el enorme vacío que había dejado la primera esposa.

Juntos cumplieron distintas misiones en Grecia, Cuba y los Estados Unidos, uniéndose más estrechamente en estos viajes, hasta llegar a un entendimiento total. Sir Alexander Fleming era un hombre robusto que a los 72 años pescaba, nadaba, jugaba al golf y al billar en su club, y aún le quedaban energías para someterse a una jornada larga de trabajo en su laboratorio.

Pero en octubre de 1953 se despertó con fiebre alta y él mismo se hizo el diagnóstico:

—Esto es una pulmonía. Ahora tendré la ocasión de probar mi maravillosa penicilina —dijo con su tono zumbón de siempre.

Su médico de cabecera confirmó su diagnóstico y la rapidez del tratamiento puso muy contento a Fleming, que nuevamente bromeó:

—¡No sabía que mi producto fuera tan estupendo! Hasta ahora me había limitado a creer en los elogios que los demás hacían de él. ¡Esto es realmente fantástico, Amalia!

Repuesto y nuevamente reintegrado a su trabajo, así llegó el 5 de enero de 1955, en que la Sociedad de Microbiología dio un banquete en su honor, con motivo de ceder su cargo como principal en el instituto donde había estado tantos años.

—No crean que me retiro al campo a plantar coles —dijo en su discurso de despedida—. ¡Prefiero seguir cultivando microbios, como he hecho hasta ahora! Pero me cansan ya las cuestiones administrativas y debo dejar mi puesto a otro. ¡Ya he trabajado bastante!

Era bien cierto; muy pocos hombres habrán sostenido una dura tarea tan constante y fatigosa como este hombre, que, aunque dejó su cargo administrativo, siguió acudiendo al laboratorio hasta que el 11 de marzo de aquel año de 1955, al despertar y disponerse a pensar en la jornada que le esperaba, empezó a sentirse mal, ante la alarma de su esposa.

Aquel día tenían que asistir a un almuerzo en el Savoy, una comida en casa del hijo del famoso actor cinematográfico Douglas Fairbanks, en unión de Eleanor Roosevelt. Pero al salir del baño empezó a quejarse de una extraña sensación de náuseas que hizo a su esposa llamar por teléfono al médico de cabecera.

Se tendió en la cama nuevamente y por unos instantes Amalia creyó que el malestar había pasado. Recordaron los dos que el día anterior les habían puesto una vacuna, ya que pensaban realizar un viaje por Extremo Oriente, y aquello podía ser el motivo de su malestar.

Lady Fleming recordaría más tarde que su voz era tranquila y sosegada como siempre, pero que tenía unos tonos de tristeza extraños en él. Hasta que al poco, quizá siguiendo el curso de sus pensamientos interiores, Fleming le pidió:

—Péiname, Amalia... No quiero que me encuentren así.

Cuando la esposa terminó, él comentó:

—Ahora ya estoy más presentable.

Minutos después, comentaba que sentía un agudo dolor en el pecho. Empezó a sudar copiosamente y, como buen clínico, dijo que aquel malestar venía del corazón y que este no perdonaba.

Por desgracia, aquella vez, sir Alexander Fleming tampoco se equivocó.

De pronto, su cabeza se inclinó hacia adelante y un instante después el sabio investigador dejaba de existir.

El mayor benefactor de la Humanidad había muerto...

* * *

Uno de sus mejores biógrafos ha escrito de él:

> Fleming murió como él hubiera escogido morir, en plena felicidad, en plena posesión de sus fuerzas y con pleno dominio de su inteligencia. En una palabra: murió como había vivido: discreta, estoica y silenciosamente...

Fue enterrado en la cripta de San Pablo, en Londres, donde solo los más ilustres ingleses reposan en su sueño eterno. Allí, cerca de las tumbas del famoso almirante Nelson y de Wellington, puede verse una pequeña losa con estas iniciales: A. F.

Su muerte no afectó solo a Inglaterra, sino al mundo entero, ya que no ha habido un hombre más universal que él y que en el orden de la Medicina más haya hecho por los humanos. Millones y millones de hombres y mujeres siempre recordarán a este auténtico sabio, que supo dedicar su vida entera por la dorada meta que se propuso alcanzar para beneficio de los demás.

El mundo entero se unió al duelo, ya que fue un dolor general, colectivo y unánime, que hizo verter lágrimas por alguien que, por haber amado tanto a los demás, no tuvo tiempo para amarse a sí mismo.

Y, si en Grecia, en Inglaterra y en otros muchos países aquel día fue declarado de luto nacional, las floristas de las Ramblas de Barcelona fueron a vaciar sus cestas de flores ante la placa que conmemora la visita de tan ilustre huésped a la noble Ciudad Condal, que así, espontáneamente, supo rendir tributo al sabio insigne.

Pero seguramente que el homenaje que más hubiera conmovido a Fleming es el que le fue rendido el 10 de octubre de 1957 en Escocia, en el condado de Ayrshire y en la propia granja donde había nacido. Aquel día fue descubierta una sencilla placa en la entrada por donde tantas veces había cruzado él de niño para ir a refugiarse en los brazos de su madre.

Aquella placa, lacónica como todas las cosas de su tierra, solo dice:

Sir Alexander Fleming. Inventor de la penicilina. Nació aquí en Lochfield, el 16 de agosto de 1881.

¡No dice nada más!

Quizá no añadieron la fecha de su defunción porque, para el corazón de los escoceses, Alexander Fleming nunca morirá...

Y nos cabe decir, en justicia, que para el resto del mundo su obra y su recuerdo tampoco han muerto.

De pronto, su cabeza se inclinó hacia adelante y un instante después dejaba de existir el mayor benefactor de la humanidad.

Ahora, ¿qué me cuentas tú?

1. ¿Crees que sea cierto lo que dicen sobre la personalidad de los escoceses?

_____
_____
_____
_____
_____
_____

2. Tras la muerte de Hugh Fleming, el «clan» tuvo que pasar por muchas adversidades, y la responsabilidad de sostener a la familia recayeron en los hermanos mayores. Opina sobre la importancia de la unión familiar.

_____
_____
_____
_____
_____
_____
_____

3. Muchos de los sucesos más importantes en la historia de la humanidad son producto de la casualidad y del azar; sin embargo, estos hechos para ser aprovechados necesitan presentarse ante gente capaz de entenderlos y explotarlos para el beneficio social. ¿Qué opinas al respecto? ¿Piensas que esto ocurrió con la penicilina?

_____

_____

_____

_____

_____

_____

_____

4. ¿Crees que la guerra tuvo alguna influencia en el descubrimiento de esta milagrosa medicina?

_____

_____

_____

_____

5. Reflexiona sobre la modestia y la humanidad de Fleming al no ensalzarse por el mérito de haber descubierto la penicilina. ¿Crees que debió reclamar grandes recompensas económicas?

_____

_____

_____

_____

6. Investiga para qué tipos de enfermedades e infecciones sirve la penicilina.

_____

_____

_____

_____

ÍNDICE

TÍTULOS PUBLICADOS EN ARIEL
JUVENIL ILUSTRADA

CPSIA information can be obtained
at www.ICGtesting.com
Printed in the USA
FSHW011958081021
85363FS